本书系 2013 年安徽省教育规划重点课题 "普通高中特色课程

多元选择 个性发展

——高中特色课程建设研究

王建◎著

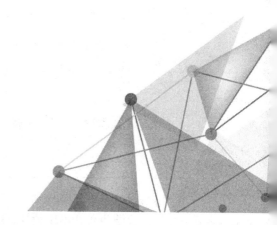

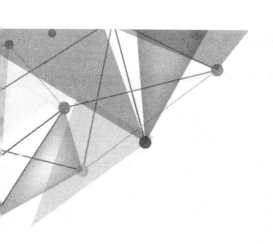

安徽师范大学出版社

· 芜湖 ·

责任编辑:李克非

装帧设计:北京中尚图文化传播有限公司

图书在版编目(CIP)数据

多元选择 个性发展:普通高中特色课程建设研究/王建著.—芜湖:安徽师范大学出版社,2016.12(2025.1 重印)

ISBN 978-7-5676-2636-2

Ⅰ.①多… Ⅱ.①王… Ⅲ.①课程建设－教学研究－高中 Ⅳ.①G632.3

中国版本图书馆CIP数据核字(2016)第215089号

多元选择 个性发展：普通高中特色课程建设研究

王 建 著

出版发行:安徽师范大学出版社

芜湖市九华南路189号安徽师范大学花津校区 邮政编码:241002

网　　址:http://www.ahnupress.com

发 行 部:0553-3883578 5910327 5910310(传真) E-mail:asdcbsfxb@126.com

印　　刷:阳谷毕升印务有限公司

版　　次:2016年12月第1版

印　　次:2025年1月第2次印刷

规　　格:700mm×1000mm 1／16

印　　张:12.25

字　　数:180千字

书　　号:ISBN 978-7-5676-2636-2

定　　价:50.00元

自 序

时光荏苒，岁月如梭，转眼从事一线教育工作已有近三十年。这期间，从中学到大学，从教学至行政，尤使我不能忘却的是我在高中任教的近十年的时光。每每想到在"高考指挥棒"重压下高中学子的辛劳、教师的疲惫甚至领导的无奈，都在自己的脑海中默默地追问自己，我们的教育目标究竟是为了什么？难道仅仅是为了千军万马挤过高考这一唯一的"独木桥"？萦绕在心头的这一近乎无解的问题诱使我本能地关注中国基础教育的每一项改革，关注那些曾经在高中一线战斗过的朋友们。

2011年，已过不惑之年的我经过不懈的努力，终于如愿以偿地来到南京师范大学教育科学学院攻读教育学博士学位。很多朋友都不理解我当时的选择，认为到这个年纪了应该好好享受生活，还跑去读什么书？其实我最初的想法就是，学校变革的脚步太快，身处这样的时代，不牢牢把握最新的教育理念，很难跟得上时代的步伐。加之先前长期萦绕心头的问题，我想，或许在南师大这样的高等教育学府，我会在大师们的教育引领之下，找到相关的答案。怀揣这样的梦想，我毅然走上了求学的道路。

似乎我求学道路与"十"这个数字结下不解之缘，本科毕业十年后读硕士，硕士毕业十年后读博士，人们常说"十年磨一剑"，我却是"十年求一学"。博士求学之路其实是一个艰难的过程，从选题到做论文，一步一个脚印，每一步都要付出极大的努力和汗水。2012年，我在南师大参加教科所举办的有关基础教育论坛上，有幸聆听了首都师大的石鸥教授关于高中特色课程的报告，一下子就被吸引。我想主要原因是它正好为我提供了解决多年悬而未决、缠绕心头问题的答案，所以我决定选择这个问题作为我研究的方向。由于这个研究话题本身就是新命题，因而可供查找的资料十分有限，为此我查阅了期刊网上所有与高中选修课程、高中特色办学等相关的文章，李如密老师还专门给我推荐了华东师范大学出版的邢至晖、韩立芬主编的"特色课程系列"丛书。在此基础上，我在马鞍山市教育局领导田战雷先生的关心下，在郜德水、谷荣生、李代贵等各位高中校长的支持下，设计了有关高中特色课程的问卷调查表，并在各个学校实施了相关调研，搜集了一手数据资料并作了大体分析，这使得论文有关国内研究的部分有了坚实的基础。

本着拓展本课题研究的视角，开题报告时就打算对国外高中相关特色课程情况做一些了解，以期借鉴域外之经验。可是一直苦于没有出国的机会。或许是机缘巧合，正在我强烈希望去国外了解外国高中特色课程建设情况之际，我有幸被我所在学校公派去韩国交流教学一年。的确要感谢马鞍山师范高等专科学校的领导们，尤其是孙良校长，他不仅给了我这次出国调研的机会，还积极地帮助我联系对方学校，请又松大学甘慧媛校长给予协助，使我在韩国调研高中相关特色课程得到了莫大的帮助。没有孙良校长及甘慧媛校长的鼎力相助，我的韩国高中调研计划很难完成。

2015年2月，我携带着韩国大田市高中调研的相关材料，顺利地重返伟大祖国的怀抱。在此之前，我的导师吴永军先生数次给予我指导和帮助，并要求我在前期完成的相关论文《高中特色课程建设问题及对策》《课程蔓延及其对策分析》《中美AP课程之比较》《高中特色课程理论依据及实践价值》的基础之上，尽快完成毕业论文初稿。2015年整年，我几乎是在忙碌中度过的。在完成学校本职工作的同时，我必须加班加点去完成我的论文，这其中的辛苦或许只有自己最清楚……好在单位领导给予了我较为宽松的工作环境，使得我能有相对集中的时间来思考论文的写作并最终顺利完成！

论文在广泛阅读有关高中特色课程文献的基础上，对不同国家、不同学校的普通高中特色课程实施过程做了一些调研，大体得出以下的结论：第一，高中特色课程的课程目标取向首先应该是学生的多样化、个性化发展，并兼顾学校办学传统和文化特色。为此，高中特色课程内容应涉及学生的生活、兴趣及个性需求。第二，高中特色课程实施也应该是特色化的，应包含宏观层面的特色课程组合方案和微观层面的教师特色课堂。第三，统整化的课程结构和特色化的评价机制是高中特色课程的必需。前者可以克服高中特色课程"蔓延"的趋向，后者则是高中特色课程存在发展的必要保障。尤其是目前国家倡导的普通高中学业评价制度改革，高中特色课程是比较理想的平台。第四，高中特色课程开发需要相关的配套措施，政策引领、经费支持、师资培训、场馆建设以及学生指导制度的建设都是高中特色课程发展的必要的支撑。第五，高中选修课程基于"多样化"和"特色化"不相矛盾，前者是量的积累，后者是质的飞跃。

本研究不可能给出一个完整的高中特色课程开发的模式，只是就课程背景分析、愿景构建、目标厘定、内容设计以及评价变革做了一些粗略的分析，有关高中特色课程共享的方法还有待于进一步研究落实。也许这正是高中特色课程建设——正在路上的合理解释。接下来，我还将完善高中特色课程和高中学业评价制度改革相互配合的研究，加强高中特色课程共享模式的研究，为高中特色课程在实践中的运用打下坚实的理论基础。

南京师范大学，这个充满美好记忆的校园，给了我数不清的财富和力量。在这里，我感受到一所充满文化底蕴的高等学府的人文气息；在这里，我有幸结识了一大批为人师表、学富五车的大师学者；在这里，有春天芬芳气息的回忆，有秋天收获的喜悦。我在低调、寂寞的求学之路上找到了心灵的慰藉与宁静，并一路欣赏求学之路上的美丽风景。

我首先要感谢我的导师吴永军先生，先生的睿智平和、宽容与严厉、大度与细致，使我在四年的学业生涯中受益颇多。先生为人、为学的精神令我佩服，没有他的指导、帮助和鼓励，我难以完成这样艰辛的功课。

　　还要感谢李如密老师，相识以来，李老师以诲人不倦、平和的态度一直给予了我莫大的帮助，每每在最困惑的时候，总能得到他慷慨的支持。他一直是我学术上的引路人和指导者。

　　还要感谢那些精彩的课堂和讲座：杨启亮老师的严谨和睿智，徐文彬老师的幽默和洒脱，黄伟老师的敏锐和平和，冯建军老师的深刻和人文，吴康宁老师的严格和缜密，张新平老师的温暖和关心，张乐天老师的随和与激情，孙彩萍老师的大气和风度。还有教科院研究生办公室的李玲老师，总是不厌其烦地给予我们帮助和支持，所有的这些都是我在随园生活的美好记忆，它将陪伴我一生。

　　感谢在论文调研过程中给予我大力帮助和支持的领导：马鞍山师范高等专科学校校长孙良、书记喻长志，马鞍山教育局副局长田战雷，马鞍山市安工大附中校长邰德水，马鞍山市外国语学校校长李代贵，马鞍山市当涂县二中校长谷荣生。还要感谢韩国又松大学校长甘慧媛女士在我赴韩交流一年中给予我论文调研的关照，没有他们的帮助和支持，我的论文调研材料很难完成。

　　感谢我的同学毕明福、杨柏岭、刘玮、钱志刚、安涛、韩强、刘家枢、刘志诚等，他们的交流、帮助和支持使我受益良多。

　　特别感谢我的家人，我的妻子周敏在四年的学习生活中给了我最大的理解，还有我的父母、姐妹都给予我极大的鼓励，他们的关心支持使我心灵宁静踏实，能顺利地完成我的学业。论文盲审之际，我的岳父大人周本榕老校长因病仙逝，我想在此告慰天堂里的老岳父，我会继续努力，探索真理，不畏艰辛！

　　在当下普通高中培养目标日渐多样化、个性化的国际发展趋势下，在我国高中积极倡导高中特色办学，建立特色化课程体系的今天，高中特色课程无论是在理论上还是在实践研究上，都被广大的教育工作者所关注。但事实上，高中特色课程建设要走的路还很长。要改变长期以来的单一的、满足高考需要的高中课程体系，逐步形成趋向于学生发展的高中特色课程体系，在很多方面还亟待改善。诸如全社会对高中培养目标理念的变革，高考评价制度的改革以及高中特色课程相呼应的经费师资等一系列问题。

　　由于我学识有限，文中有些观点和文字难免疏漏，请各位专家学者批评指正！是为序。

目　录

绪　论

一、选题缘由

（一）普通高中改革成为教育热点

近20年来，中等教育已然成为世界教育的一个热点问题。世界各国都制定了相应的高中教育改革计划，正如OECD（经济合作发展组织）指出的那样："中等教育作为人的整体受教育过程中的关键时期，越来越多的国家认识到它在个人未来成功以及国家竞争力方面的意义，纷纷制定新的评价标准，探讨其发展规划，以提高中等教育的质量。"[①]要提高中等教育高中教学质量，除了重新审视高中教育的目标、价值以外，更重要的是通过普通高中课程改革来积极推进多样化和特色化学校建设，全面提升高中教育教学的质量。目前，我国高中课程涉及国家课程、地方课程以及校本课程，三级课程管理结构已经形成，其中选修课程的设置是高中课程改革的重大变化，可以说，选修课程关乎高中学校培养目标以及学生多样化发展。但是，影响选修课程开设的问题依然存在，主要表现在：国家给予地方和学校开设的选修课程空间小，难以真正培养学生自主选择的能力以及个性化发展；有些学校虽然开设许多选修课程，但缺乏规范性、目的性和特色性，造成课程蔓延现象；学生选修课程存在功利性、片面性和盲目性，教师课程开发能力不足；高中课程评价体系不完善，大部分选修课程没有纳入高考范围，使得选修课程在实践中难以落实。为此，建

---

①霍益萍.普通高中现状调研与问题讨论[M].上海:华东师范大学出版社,2010:26.

立既满足学校办学特色又适合学生个性化发展的特色化的选修课程体系（可以称之为高中特色课程），并建立相对完整的课程开发、实施、评价措施已成为当下之必需。

(二)高中特色课程建设的提出

2001年6月，我国教育部颁布了《基础教育课程改革纲要（试行）》，规划了21世纪初我国高中改革的基本蓝图。它要求我们立足于国际教育的广阔视野和自身改革的实践经验，重新审视高中课程方案，重新制定高中课程标准，重新建构高中的基础学科。明确指出：为使学生在普遍达到基本要求的前提下实现有个性的发展，课程标准应有不同水平的要求，在开设必修课的同时，设置丰富多样的选修课程，开设技术类课程。积极试行学分制管理。[1]2010年7月，国务院印发了《国家中长期教育改革和发展规划纲要（2010—2020年）》（以下简称纲要），进一步指出高中阶段教育肩负着在九年义务教育基础上进一步提高国民素质、满足国家经济社会发展对多样化人才培养需求、培养合格公民的重要使命，作为国民教育体系中承上启下的关键阶段，高中教育不但会带动基础教育质量的提升，还决定着高等教育生源质量，影响着高等教育的发展后劲。为此，纲要明确提出推进培养模式多样化，满足不同潜质学生的发展需要，鼓励高中办出特色，支持普通高中建立特色化课程体系。[2]由此可见，高中特色课程的提出是为了解决长期以来我国普通高中培养目标和课程建设的同质化倾向，进一步完善社会发展、学生自身发展对高中课程提出的新的要求。同时，随着我国高考评价方式的改革，改变了"一考定终身"的片面的评价方式，更多地考核学生的综合素质，而高中特色课程建设恰好顺应了这一评价制度，可以说，高中特色课程正是反映高中学生综合素质评价的最佳平台。因此，本研究的现实意义非常充分。

---

①钟启泉,崔允漷,张华.为了中华民族的复兴　为了每位学生的发展——《基础教育课程改革纲要（试行）》解读[M].上海:华东师范大学出版社,2001:5.

②顾明远,石中英.《国家中长期教育改革和发展规划纲要(2010—2020年)》解读[M].北京:北京师范大学出版社,2010:122.

（三）多年高中学校工作经历，对高中的课程建设现状和问题有比较深刻的认识

本人有在高中长期从教和管理经验，以往高中课程建设主要是以高考为中心，涉及高考科目的学校课程一般都受到普遍重视，而一些高考中不曾涉猎、却对学生身心发展起着重要作用的科目，往往不为学校及教师重视，成为"边缘化"的科目。纵然个别学校倡导艺术、体育课程，也只是为了追求高考升学率，寻求在艺体高考招生考生中有所突破，并不是真正把艺体课程当作有利于学生身心发展的科目来开设，这种功利性的现象时有发生。功利化的高中课程已经造成了一些较为严重的现实问题，比如教师教得累，既要顺应社会、家长对高考升学率的高要求，又要满足高中课程改革多样化、选择性素质教育的要求，介于两难之间无所适从；学生学得累，家长的要求、社会的压力，上高中唯一追求的目标就是考上一所理想的高校，甚至认为考不上"211、985"就是失败，个人兴趣、爱好乃至个性追求一切都摆在一边，书山题海成为许多高中学子三年高中生活的缩影；学校领导更累，要同时兼顾社会家长和教育主管部门对培养学生的不同要求，还要考虑开设各种课程所需的经费、人员以及课程安排等等。高中特色课程建设的理论依据和实践价值究竟何在？特色课程建设中存在哪些问题？如何解决？高中特色课程开发的核心步骤与配套措施究竟有哪些？这些现实问题都是本研究不容回避的。本人长期的高中教学管理经验让我有完成本研究的自信。

二、文献综述

（一）有关概念的界定

目前学界对"高中特色课程"概念没有权威界定，本研究对相关定义稍作梳理，比较有典型意义的定义如下：

表1：学界有关"特色课程"的相关定义

学者	有关"特色课程"的定义
北京教育科学研究院：黄晓玲	是学校在一定办学思想指导下和办学实践中逐步创建的具有一定特征和影响力的课程，对于当前普通高中学校而言，它既可以是一门课程，也可以是一类课程或一个课程群、一个课程领域；既包括对国家课程的改进，也可以指一些地方课程和学校的校本课程
上海闵行区教育学院：何永红	指地方或学校参照自己的教育思想和教育目标，根据自己的教育经验和课程能力等，在实践中逐渐形成和发展起来的具有一定特征和影响力的地方课程或校本课程
上海黄浦区教育学院：邢至晖、韩立芬	以学生"特需"为核心，有独特的课程理念、目标、内容实施与评价方式的课程。一般地说，特色课程包括三个层面：从宏观上说，特色课程即学校的课程模式；从中观上说，特色课程即学科领域的课程集群；从微观上说，特色课程即有特点的校本课程
首都师范大学：石鸥	指普通高中学校在先进的教育思想指导下，根据本校的办学理念，以学生的需求与发展为核心，以地域、社区与学校资源为依托，经过比较长期的课程实践，逐步形成和发展起来的具有独特性的整体风格和出色的育人成效的课程、课程实施或课程方案

综观上述特色课程之定义，各有侧重，但总体上都阐述了高中特色课程的目标、类别。对比不同学者的观点，阐明高中特色课程的定义可以使我们对高中特色课程内涵有进一步的认识，避免对高中特色课程的曲解。

本研究根据《马鞍山市普通高中特色课程调查问卷》（发放问卷280份，回收276份，回收率98.57%。该问卷设计教师问卷和学生问卷两种），设计了有关高中特色课程开发的必要性、优势性、主要课程资源、有效途径等方面的问题。从回收的问卷来看，对于高中是否应开设特色课程的态度，79.6%的教师和71%的学生认为有必要，证明在当下高中课程改革重视选择性和多样性课程的同时，高中特色课程建设能为广大师生所理解接受。48%的教师认为高中特色课程有利于学生个性化发展，实现高中教育大众化，56%的教师认为高中特色课程主要应依据学校办学理念，系统设计开发，培养特色，有40.6%的高中教师将特色点定位在学科独有资源和学校优势两个方面。56%的高中学生回答自己所理解的特色课程应该是"在先进的教育思想指导下，根据本校的办学理念，以学生的需求与发展为核心，以地域、社区与学校资源为依托，经过长期的课程实践，逐步形成和发展起来的具有独特性的整体风格和出色的育人成效的课程、课程实施或课程方案"。

依据教师和学生的问卷调查，本研究认为高中特色课程至少有以下几个特点在师生中形成共识：一是对于特色课程开设的必要性，大多数教师和学生认为相当有必要，说明在当下高中课程改革要求下，高中特色课程建设已然成为教师和学生的必须，这为高中特色课程的开发提供了现实的依据。二是就高中特色课程的内容来看，绝大多数的教师和学生都认为高中特色课程应该基于利于学生个性化发展这一宗旨来开发相应的课程，只是教师和学生的立足点不尽相同，教师倾向于学校的学科优势和独有的资源，而学生更多倾向于地域、社区和学校的资源。但在结合学校的办学理念这一角度上，师生之间有较高的重合。三是就特色课程特性来看，基本上在独特性、优质性、选择性、过程性上有共识，但教师更关注特色课程在学校课程体系中的一体化整合。同时，学生和教师也十分关注高考评价系统的改革，认为如果没有合适的高考评价系统相对应，高中特色课程很难在普通高中实施。

综合上述因素，本研究以为，高中特色课程应该是普通高中在先进的教育思想指导下，根据学校的办学理念，以学生的需求与发展为核心，以地域、社区与学校资源为依托，经过比较长期的课程实践，逐步形成和发展起来的具有独特性、优质性、选择性、稳定性和整体性的出色的育人成效的课程、课程实施或课程方案。也就是说，学者石鸥的概括比较全面。

(二)高中特色课程研究现状

考查中国知网 1980—2014 年相关"特色课程"的文章共 2,357 条，其中核心期刊的文章有 453 条。

1.国内研究状况

(1) 不同视角的研究。国内很多学者站在不同的视角对特色课程进行研究，主要是体现了思维方式的不同以及从整体和局部两个方面进行的不同的研究。

石鸥从高中特色课程开发研究的角度，阐明了高中特色课程的定义，并指出高中特色课程包括三大类：一是学校自己创造性开发的课程；二是学校对各种课程特色化实施，即课程的特色；三是学校整个课程结构和实施方案的特色组合方案。在此基础上，他还系统地阐述了高中特色课程开发的意义和策略。可以说，石鸥的研究是全面具体的。[①]

王建、吴永军则从高中特色课程建设所面临的问题着手，指出高中特色课程建设不可回避的几个问题，包括高中特色课程开设的目的为何？高中特色课程属于三级课程的哪一类？高中特色课程究竟应"特"在何处？高中特色课程实施应关注哪些问题？提出解决问题的对策，即明确特色课程的目标、类别和特性；改革高考评价制度，为高中特色课程建设提供良性土壤；建立整体化课程体系，完善学生发展指导制度。[②]

徐士强从高中特色课程模式入手，研究了上海市普通高中特色课程建设情况，提出高中特色课程三种模式：直通道式（学校选择某一科目为特色建设重点科目，其他子科目都必须围绕它）、金字塔式（依据年级高低，特色课程内容结构不断变窄，形如金字塔）、植入式（从无到有，学校另辟蹊径在原有高中课程计划内植入的某一类课程），并进一步提出特色课程领域与建设模式之间的匹配问题、特色

[①]石鸥.普通高中特色课程开发研究[J].中国教育学刊,2012,(12).

[②]王建,吴永军.高中特色课程建设问题及对策[J].教育科学研究,2014,(01).

课程如何从形式上在拓展型与研究型课程上有所突破问题以及特色课程面对全体与部分学生相结合的问题。①

黄晓玲从普通高中学校特色课程建设实践路径视角，指出高中特色课程建立的基本思路有三，一为整体规划，科学建构；二为依托学校自身特点或优势来确立特色课程；三为继承和创新中生长特色课程。并进一步研究了高中特色课程的"特色点"以及开发模式、课程形态、大致阶段，明确了特色课程建设应注意的问题。②

此外，袁再旺提出了走适合学校的特色课程之路。③何永红则指出特色课程必须有效地融合于学校整体课程体系之中。④

还有一些学者对特色学校与特色课程之间的关系进行研究，朱华伟、李伟成以广州市普通高中特色课程建设实践为例，阐明了特色课程建设是推动高中特色化发展的重大举措。⑤何勇平、范蔚表明了校本特色课程开发，有利于学生的需要、教师专业成长、彰显学校特色，并达到学校更新。⑥董辉则对中小学特色学校及其课程建设进行反思，表明特色学校及其课程建设一定程度上促进了教育多样化，但也带来教育管理中"绩效表现主义"蔓延、弱势群体子女向上流动、教育功能阻滞以及教育物品属性上公共性价值的流失等问题。这些研究往往都和学校特色建设相联系，具有局部个案研究的特点。⑦

也有一些学者从特色课程区域资源角度入手，探寻区域特色课程资源的现状、问题与趋势。白杨认为区域特色课程资源进入教育教学实践存在着研究面狭窄、研究方法缺陷、主题把握不准以及基础理论

①徐士强.普通高中特色课程建设模式初探[J].上海教育科研,2013,(05).

②黄晓玲.普通高中学校特色课程建设的实践路径[J].教学与管理,2012,(10).

③袁再旺.浅谈普通高中"特色课程"的开发[J].人民教育,2012,(07).

④何永红.学校"特色课程"的定位及其发展策略[J].教育科学研究,2011,(10).

⑤朱华伟,李伟成.特色课程建设推动学校特色化发展:以广州市普通高中建设实践为例[J].中国教育学刊,2015,(09).

⑥何勇平,范蔚.校本课程的特色与学校更新[J].课程·教材·教法,2006,(10).

⑦董辉.对中小学特色学校及其课程建设的观察与思考[J].全球教育展望,2014,(06).

单一的不足。①丁玉祥等以中学区域校本特色课程建设的创新路径为立足点，指出行政发动、机制引动、课题带动、活动促动、专家推动、模式驱动、评估拉动、他域借鉴的课程建设策略。②

（2）对高中特色课程存在问题的研究。对高中特色课程建设存在问题的研究，往往结合高中特色办学形式化、功利化的研究过程。

李颖认为一些学校急功近利启动特色项目，将特色项目作为敷衍检查的"看点"或交流总结的"亮点"，或照搬其他学校经验，忽略自身的特色优势，或依据管理者个人理念和喜好主观选择特色建设出发点和切入点。③

殷桂金指出学校特色出现"为特色而特色"的现象较为普遍，主要表现在功利化、口头化、拼盘化、短期化和多变化。④

所有这些学校办学特色的问题，涉及特色课程建设上就会出现学校特色课程门类相对集中在艺体特色课程和德育特色活动课程上，原因是这些课程比较容易出成效，艺体特色课程直接影响到学校的高考升学率，德育特色课程则易于被校外人所见，得到社会好评。所以，特色课程建设就出现了"认识层面多，实践操作少；课外实施多，课程实施少；贴标签得多，积淀生成少"这一状况。

（3）对高中特色课程开发策略的研究。石鸥基于他对特色课程类型的研究，概括了现阶段高中特色课程开发策略为：稳妥开发特色课程门类，积极倡导特色课程实施，大力创新特色课程结构方案。这三大策略正好对应他的特色课程三大分类。⑤

何永红认为创建特色课程一是要在课程规划和课程实施中决策和生成特色课程；同时还要综合利用多类资源提升课程发展的速度。⑥

袁再旺则明确表明特色课程要从学校优势出发，着力点放在学生

①白杨.我国区域特色课程资源研究:现状、问题与趋势[J].课程·教材·教法,2015,(06).

②丁玉祥,俞泰鸿,洪蕾.区域课程建设的基本路径与推进策略[J].教学与管理,2014,(10).

③李颖.特色普通高中建设的现状、问题与对策[J].现代教育管理,2012,(01).

④殷桂金.普通高中学校特色的定位与类型[J].教育科学研究,2011,(11).

⑤石鸥.普通高中特色课程开发研究[J].中国教育学刊,2012,(12).

⑥何永红.学校"特色课程"的定位及其发展策略[J].教育科学研究,2011,(10).

素质结构优化上，同时要调动教师和学生参与课程开发的积极性，使特色课程规范化、弹性化。①

国内高中特色课程研究呈现多角度的特征，就高中特色课程内容应该涉及学生个性发展需求以及学校办学特色，高中特色课程性质特点等方面多有共识。但在合理利用地域资源以及特色课程评价问题上研究还显得不足。

2. 国外研究状况

考查国外期刊 EBSCOHOST 有关 high school curriculum （高中课程）共计查询结果 6739 条。进一步查找 high school elective courses（高中选修课程）共计 64 条。这其中有涉及选修课程制度不足、学生的兴趣以及学生的倾向性以及各个学科选修课程的研究，但高中特色课程没有直接被提到。在 EBSCOHOST 上查找 feature courses（特色课程）没有找到相关条文。

造成这种"外冷内热"现象的主要原因有二：一是国外高中基本上都是分类办学，因而这个"类"就决定了它自身的特色，无需通过特色课程来加以彰显；二是因为国外高中基本上都开设有丰富多样的选修课程，这些选修课程本身就是特色课程的一种，同时学生选择哪一门课程本身就包含着课程实施的特色化。

国内王帅在研究基于政府政策的英国特色学校发展及启示过程中，曾提到英国特色学校计划表现形式上由侧重单一的特色课程建设发展到深入所有课程领域、管理层次、学校精神改善，再到倡导学校之间、学校与企业、学校与社区的合作发展。似乎说明了英国特色学校正在由单一特色课程建设转向加强家庭、学校、社区的合作协调。②

胡庆芳博士在其博士论文《美国高中课程发展研究》中谈到美国高中设置了丰富多样的选修课程，学生对课程享有广泛的选择权。这

---

①袁再旺.浅谈普通高中"特色课程"开发[J].人民教育,2012,(07).

②王帅.基于政府政策的英国特色学校发展及启示[J].外国教育研究,2011,(11).

验证了美国以多样性的选修课程体现了学校的课程的特色。[1]

3.国内外研究评析

综合已查阅的国内外相关普通高中特色课程建设文献资料，本研究认为国内外关于普通高中特色课程研究存在较大异同：

共性在于：国内外对有关高中特色课程方面的研究都比较重视，在高中课程建设方面都强调多样性，这种多样性往往表现在课程的丰富性以及可选择性上，尤其在必修课程的基础上都强调要增加丰富多样的选修课程。在课程实施管理上，赋予学校更多的课程自主权，并实行学分制管理，充分体现以学生为本的教育理念。许多国家把课程管理改革作为课程改革的一项重要内容。学校自主权越大，办学主动性和积极性就越大，教育质量就越高，因此就总体而言，一所学校的教育质量同学校所享有的办学自主权大小成正相关。基于这个事实，许多国家把适当扩大学校办学自主权作为课程改革的重要一环。这表现在校本课程开发与研究上，而校本课程开发本身也就是学校特色课程的一部分。

差异处在于：

（1）关于特色课程建设是特色高中一个重要的载体，大都有共识。但国内外对于特色学校建设上的重点有所不同。国外主要通过学校课程建设来加以体现，具体来说，它们的特色可能过多表现在学校课程选择、开发以及实施等方面，就课程谈特色比较普遍。而国内在特色学校建设这个方面，不完全局限于课程建设方面，还涉及学校建设其他各个方面。比如：学校课程管理（校长决策）、学校的师资建设、学校的文化建设等。造成这方面差距的原因可能是我国课程高度集权，学校在课程建设方面的分权有限，加上高考的制约，打造学校自身办学特色的课程还欠缺政策的支持，要想形成国外那种以课程建设来彰显学校特色的办学模式可能要承担一定的风险。因而，最合理有效的方式只能是在实施国家课程的基础上灵活多变，形成课程的特色。按照石鸥先生的观点，这是国家课程的特色化实施，是经过特色

[1]胡庆芳.美国高中课程发展研究[D].华东师范大学博士学位论文,2004.

化实施之后的既定课程，也是"特色课程"的一种类型。

（2）在特色课程内容、目的上，国内外也有差别。国内有学者把我国创建学校特色实践中不尽如人意的现象概括为："过于集中的特色"（集中于外语、艺体课程等既容易做到又有助于升学的特色）、"表象化的特色"（仅仅调整或新设机构却无实质性的工作改变）、"粉饰性的特色"（特色写入文本却无行动跟进）、"偷换概念的特色"（以特色为名行升学补课之实）、"不可能的特色"（有创建特色的愿望但人力、物质资源皆不具备）等等。而美、英、澳学校特色创建的实践中，除了学校选修课程这个维度外，巧借企业、高校资源提供特色项目成为一个亮点。韩国大田科技高中在借助大田地区的高等学校和研究院开发高中特色课程方面有一整套完整的课程开发经验。

（3）在学校课程建设文化方面，国内的研究明显多于国外。国内学者认为学校特色的外在表现主要有课程特色、教学特色、管理特色和文化特色。事实上，前三者可以归纳为课程的结构、课程的实施、课程的管理。而文化特色如果要归为课程这个方面，它可以归为学校课程的另一方面——隐性课程建设。它既可以是学校特色的内容和表现形式，也可以表现为学校特色培养的氛围与环境。学校文化特色经过学校领导和师生员工的确认后，可以物化在学校的环境（物质层面的文化）、课程与教学（行为文化）以及管理（制度文化）过程中。在学校环境方面，国内的研究大部分是结合学校自身发展的历史和规划来表现文化对学校的影响，以此来达到对学校师生身心的一种熏陶。在行为文化方面，国外主要通过人性化的课程选择、课程实施、课程评价来彰显，完全体现了以学生为本的思想。国内在这个方面主要是通过社团、社会实践以及社区服务来表现，在课程建设方面成立活动课程。在管理的制度文化方面，由于中国的办学机制有别于国外，在管理特色方面较强调校长的办学理念的指导作用，这会带来一些负面影响，即一些校长抛开学校的实际，仅以个人的理念和喜好主观选择某些特色项目作为本校特色建设的出发点和切入点，造成特色项目的选择不严谨，导致特色高中的创建走弯路。此外，就文化引领来创建学校特色方面，也存在着以项目带动学校特色导致文化强校泛滥化倾向。即如何把文化建设（隐性课程）融入到学校整个课程体系上还有待于加强研究。

（4）在学生指导制度方面，我国尚未和国际接轨。选修课程开设必然要涉及学生发展指导制度。现代意义上的学术指导源于19世纪末20世纪初的欧美各国，经过100余年的发展，它已成为和教学、管理并重的现代学校三大职能之一，对学生的升留级、心理健康教育和就业问题的抉择等方面起了非常大的作用。由于高中阶段教育的特殊性，对学生的指导制度显然成为必须。美国的指导制度可分为学习指导、就业指导及跟踪服务、信息服务、治疗与矫正以及磋商性服务。日本的指导也有六个方面内容：学业指导、进路指导、个人适应指导、社会性指导、余暇指导及健康安全指导。相比较而言，我国高中学生指导制度的建设工作刚刚起步，建立比较成熟的学生指导制度有利于学生选择适合自己的课程，有利于学生个性化发展，有利于学校特色课程建设。

三、研究意义

（一）从学术的角度来看

（1）有助于改变长期以来我国同质化教育倾向。一直以来在高考指挥棒的指引下，我国高中教育都是以应试教育为主，高中学校形成了"千校一面"的状况。除了高考必考的相关科目外，其他有关学生整体素质的教育科目几乎成为摆设。特色课程建设有助于克服这一同质化倾向，充分发挥各个学校应有的特色。

（2）在高中培养目标上有助于学生的全面发展，成为"完人"。以前高中教育培养目标主要是升学、就业，在精英化高中教育时代，升学成为重中之重。随着时代进步，大众化的高中教育不能忽视学生综合素质的提升，"升学+就业+完人"的教育成为必然。高中特色课程建设有助于这样的培养目标实现，有助于学生个性化发展，有助于实现基础性全面发展和较高水平特长发展的新的培养目标。

（3）有助于顺应世界高中课程发展趋势。尤其在高中课程的多样性、选择性、层次性上形成自己的特色。

（4）有助于形成良好的高中特色课程体系。本研究涉及课程目标、内容选择、课程实施、课程评价等相关方面的内容，所有内容结合起来就是高中特色课程建设的一体化过程，而这样的高中特色课程建设体系将有助于我国未来特色高中建设，有助于借鉴国内外经验，形成良好的高中特色课程体系。

（5）有助于使高中课程更好地结合高考评价制度的改革。顺应全方位、多角度、过程性的评价学生综合素质。

（二）从应用价值来看

（1）有利于改变高中同质化的倾向，实现高中多样化办学。

（2）有利于完善现行的高中课程评价系统，改变一考定终身的倾向。

（3）有利于高中三级课程融合，并与高校课程接轨。

（4）有利于建立灵活多变的课程实施方案，发挥教师的特长。

四、研究思路

本研究共六章（绪论除外）。第一章阐述了国内外高中发展趋势和高中特色课程问题的提出，重点分析了高中特色课程理论依据和实践价值。第二章对高中特色课程进行了相应的内涵界定。阐明了高中特色课程的性质、特征和种类，并提出了高中特色课程应关注的几个问题。第三章分析了高中特色课程的核心要素，即个性化的育人目标、统整性课程结构、多样化课程实施和特色化课程评价。第四章分析高中特色课程开发的步骤。分别就背景分析、愿景构建、内容设计以及评价改变进行了阐释。第五章介绍高中特色课程配套措施。内容涉及政策支持、师资建设、场馆建设以及学生指导制度。第六章是高中特色课程研究困境以及借鉴和反思。主要分析了高中特色课程研究过程中的困境，并就课程的"选择性"与"特色性"关系以及中韩两国学生发展指导课程进行分析。

五、研究方法

（1）文献法。对各种有声资料与无声资料进行查阅、整理、归类分析，从中得到客观的结论。将有限的著作、论文资料梳理清晰，有序整理，从而充分了解国内外对于高中特色课程研究现状，确定本研究的研究主题和研究思路。

（2）调查问卷。拟对相关学校的校长、副校长、中层管理人员、学科教师进行个别访谈，以此作为本研究的核心资料来源。调查问卷针对国内三所普通高中的特色课程及参与的学生、教师，问卷回收后进行数据分析。访谈法主要针对学校校长及管理人员，通过他们了解学校实施特色课程的策略和存在的相关问题。

（3）个案研究。国内和国外有关特色课程建设的一些经验之举。主要是汲取这些学校先进理念，进一步做好研究工作。

（4）比较研究法。比较国内高中和韩国大田地区高中在特色课程开发上的异同。抓住两个国家在学生指导制度课程特色化方面的不同，相互比照，取长补短。

第一章 特色课程
——我国高中课程改革的新生机

一、国内外高中课程发展趋势

普通高中教育在整个国民教育体制中占有独特的地位和价值。它是基础教育的有机组成部分，为学生的终身发展奠定基础，同时它又与高等专业教育（大学）阶段相衔接，对于学生接受高等教育有着重要的意义。新世纪，为了培养适应急剧变化的社会所需求的新型人才，对高中教育阶段的课程设置进行大范围的调整和改革成为各国面临的一个共同的课题。

我国的普通高中多年来在"应试教育"的大背景下，实施"精英主义"的教育政策，使高中俨然成为大学的预科，造成了千军万马过独木桥的局面——少数精英升学，绝大多数学生陪读。随着我国高等教育的"大众化"，高等教育必须加快发展步伐，抛弃"精英主义"的课程模式，走向"大众主义"的教育已成为必然趋势。

2001年6月，我国教育部颁布了《基础教育课程改革纲要（试行）》，规划了21世纪初我国高中改革的基本蓝图。它要求我们立足于国际教育的广阔视野和自身改革的实践经验，重新审视高中课程方案，重新制定高中课程标准，重新建构高中的基础学科。明确指出：为使学生在普遍达到基本要求的前提下实现有个性的发展，课程标准应有不同水平的要求，在开设必修课的同时，设置丰富多样的选修课程，开设技术类课程，积极试行学分制管理。2010年7月，国务院印发了《国家中长期教育改革和发展规划纲要（2010—2020年）》（以下简称纲要），进一步指出高中阶段教育肩负着在九年义务教育基础上进一步提高国民素质、满足国家经济社会发展对多样化人才培养需求、培养合格公民的重要使命，作为国民教育体系中承上启下的关键阶段，高中教育不但会带动基础教育质量的提升，还决定着高等教育的生源质量，影响着高等教育的发展后劲。为此，纲要明确提出鼓励普通高中办出特色，给出相应的四项措施。

再把视角转向国外，尽管各国高中教育发展的背景不同，政治经济和文化环境各异，高中课程目标改革方面也存在差异，但正如华东师范大学崔允漷教授所言，世界各国都在思考培养什么样的人以迎接新世纪的挑战，并纷纷出台旨在改变人才培养模式、提高人才培养质量的课程改革政策，这其中高中阶段的课程改革是重中之重。并在国际上达成一种共识：谁赢得高中，谁就赢得人才。[1]

2001年美国当选总统布什发表《不让一个孩子掉队》的教育计划，专门提到，每一位学生到12年级末，即18岁时，都要为大学的学习、富有产出性的就业和今后有意义的生存做好准备。2001年是美国"高中学生年"，美国有影响力的组织伍德罗·威尔逊全国联谊基金会为本次年会提出响亮的口号："放远我们的目光，绝不让一个高中生掉队。"[2]并在发表的题为《高中学生肩负的国家使命》的报告中明确提出面向21世纪的美国高中教育目标。

北欧芬兰高中课程改革开始于1987年。到1994年芬兰国家教育事务委员会颁布《普通高中课程大纲》，对高中课程设置进行大调整，确定在全国高中学校全面实现"无固定班级授课制"。2004年又颁布新的《普通高中课程大纲》，除了巩固已有改革成果外，又进一步强化了自然与技术。同时芬兰还颁布了《芬兰高中课程框架》，表明普通高中不仅要为学生提供其继续深造、工作、生活、发展个人兴趣和促进个性形成所需的知识与技能，同时还要为他们提供在有生之年终身学习和自我发展的机会。[3]

---

[1]崔允漷,冯生尧.谁赢得高中谁就赢得人才[M].上海:华东师范大学出版社,2013:2.

[2]钟启泉,崔允漷,吴刚平.普通高中新课程方案导读[M].上海:华东师范大学出版社,2003:19.

[3]浙江省教育厅赴北欧教育考察团.走进芬兰高中课程改革[J].外国中小学教育,2008,(8).

亚洲的韩国以2007年修订课程的实施为契机，从2007年10月到2009年2月共推行了两次"国家课程研讨会"。以两次研讨会和课程先进化改革方案为基础，总统直属国家教育科学技术咨询委员会和课程特别委员会为了提高中小学课程的未来适应性，构思"国际化创意性人才"为学校教育追求的培养目标。未来型课程构思的着眼点放在提高课程的适应性、课程的恰当性、课程的多样化、课程的自律化、课程的权责性上。[①]

不仅仅限于上述国家，诸如德国、法国、俄罗斯、日本、英国、澳大利亚、新加坡等国也就高中的定位和培养目标、高中课程设置的总体框架、课程实施等方面做出相应地改革。

总的来说，世界高中课程改革呈现出以下趋势：

第一，就培养目标来看，国际高中课程目标的改革强调超越教育工具化的倾向，具有有机地整合升学和就业的双重功能。并强调奠定高中生进一步学习的基础学力，养成人生规划能力，培养公民基本素养。把基础知识和技能、人文和科学素养统一融合起来。

第二，就课程结构看，国际高中课程都划分一些基本学习领域，规定了高中生需要掌握的基本知识和技能。强调高中课程的可选择性是国际高中课程结构改革的重要特征。而选修课程的增强，必然导致采用学年学分制。减少必修科目及其课时数，增加弹性选修科目及其课时数，乃是世界主要国家高中结构改革的重要发展趋势。

第三，就课程评价来看，世界普通高中评价存在两种情况：一是绝大多数国家的高中课程评价包括两部分，即内部评价（校本评价）和外部评价（国家或地区评价）；二是少数国家只存在内部评价。目前世界课程评价呈现以下趋势，总体上倾向于完善校本评价、优化外部评价以及合理处理高中课程评价与大学入学考试的关系。

面对世界高中课程改革共同的课题，立足于国际教育的广阔视野和自身改革实践经验，规划好21世纪我国高中课程改革的蓝图，把握国际高中课程的趋势并顺应高中课程改革的潮流是推进我国高中课程

---

①崔允漷,冯生尧.谁赢得高中谁就赢得人才[M].上海:华东师范大学出版社,2013:3.

改革之必需。

二、我国高中课程方案的历史、现状

从历史上看，从1949年以来，我国正式颁布并实行的高中课程计划有16项，总的来说，这16个相关课程方案比较完整地反映了新中国成立以来我国普通高中课程发展的历史轨迹，每一个课程方案的颁布都反映了在当时情景条件下的一种进步和努力，总体上也都满足了社会的不断发展、科技进步对普通高中教育提出的客观要求，而且在实践中也确实产生了一定的效果，取得了一定的成绩。[①]纵观我国高中课程发展主要表现在以下几个方面特点，如侧重学术课程、重视学科课程、课程管理集权化、课程目标单一化（升学就业）以及课程计划改革过于依赖外在政治因素等。

我国的高中课程发展历史和特点都是一定时代政治经济文化的产物。随着知识经济时代的到来，经济全球化、生活信息化、学习社会化越来越明显。在这样的社会背景下，我国高中教育面临着前所未有的挑战和巨大的社会压力——尽管素质教育喊了那么多年，我们的课堂、学校依然没有发生多大的变化；虽然近年高校招生连续扩招，但也很难改变长期以来应试教育的现状；社会需要高中学生有多元化的发展，而我们的课程仅以文理分科进行简单化处理；高中定位的迷失，沦为大学预科；学生及其家长反映"学了没用，用的没学"等等。据华东师范大学出版社与教育部华东师范大学课程研究中心联合组织"普通高中课程满意度调研组"的问卷调研报告显示，在对高中课程"实用性、时代性、选择性和灵活性"调查中，大学生和高中生不满意率要明显高于其他身份人群，而其他身份人群选择"很不满意"的比例要明显高于"很满意"。[②]有鉴于此，普通高中课程建设如何面向21世纪？如何使高中学生学得有意义、有价值，为社会的发

---

①钟启泉,崔允漷,吴刚平.普通高中新课程方案导读[M].上海:华东师范大学出版社,2003:30.

②李云淑.社会人士对普通高中课程现状的满意度调研报告[J].上海教育科研,2004,(01).

展、民族的振兴做出更大贡献？高中课程如何适应学生的个性化发展？这些问题都必须通过高中课程方案改革来实现。

三、高中特色课程——我国高中课程改革新生机

面对全球各国高中课改的形势，结合我国目前高中课程的现状，我国高中课程特色化建设被提上议事日程。长期以来，由于我国一直处在高度制度化课程体系之下，高中课程一直以统一制式的模式加以推广。纵然是在今天国家提倡三级课程模式的管理模式，鉴于高中学业考试制度——高考模式没有发生本质性变化，高中课程依然处在相对统一的状况之下，地方课程、校本课程很难得以实施。高中学校的课程实施基本上都是围绕国家规定的相关课程、围绕高考评价体系来运行的。这样的现实已经造成目前我国高中所面临的一系列问题，比如，高中课程缺乏活力，课程不是为了满足学生需求而是适应国家意志，高中课程不能满足学生多样化、个性化的需求。同时，因为高中课程的统一制式，使得我国高中同质化现象严重，"千校一面"的现象比比皆是。

为了改变上述状况，2001年6月，我国教育部颁布了《基础教育课程改革纲要（试行）》，明确指出：为使学生在普遍达到基本要求的前提下实现有个性的发展，课程标准应有不同水平的要求，在开设必修课的同时，设置丰富多样的选修课程，开设技术类课程。2010年7月，国务院印发了《国家中长期教育改革和发展规划纲要（2010—2020年）》（以下简称纲要），进一步明确切实改变普通高中"千人一面"的状况，支持普通高中学校建立特色化课程体系，鼓励学校在国家课程方案指导下，根据自身定位和本地实际，努力建设涵盖国家课程、地方课程与校本课程，涵盖显性课程与隐形课程，涵盖常规课程与特色课程的学校特色化课程体系，多角度入手，规划符合办学目标和培养目标的特色课程，发展学校的办学特色。

可见，从大的方面来看，高中特色课程有利于改变我国长期以来

统一制式的高中特色课程体系，有利于改变我国高中同质化倾向，便于我国高中特色学校建设。小的方面来看，高中特色课程理念的提出，有利于我国高中改变以往培养目标的单一性，方便学生根据自己的兴趣特长来选择适合自己发展的课程完成高中的学业，有利于多角度、个性化地培养适应社会发展和学生自身发展的人才。高中特色课程的提出可以说是我国高中课程改革新的契机，它必将给我国高中课程改革注入新的生机。

四、高中特色课程理论依据和实践价值

任何一种理论的提出，必须具备一定的理论依据和实践价值。所谓理论依据指的是它不是凭空想象的，是建立在前人一定的理论基础之上的；所谓实践价值指的是它可以针对现实问题提出较为合理的解决的方法。

(一)理论依据

从理论依据来看，高中特色课程切合以下几个理论基础：

1.从课程的培养目标来看,契合人本主义的教育理论思想

20世纪五六十年代人本主义教育思潮兴起，宣称要将教育彻底置于人性的充分发展和培养"完整的人"的价值取向上。它的特征反映在教育上，即是"以人性为本位"，强调学生潜能的发展、学生身心与情感的发展、学生的"自我"及其实现等。

传统的课程培养目标存在着为社会、为学科、为学生三种不同的价值取向，无论是哪一种，都不是从人自身发展角度来考量的。"为社会"就是要把学生培养成社会需要的人，换句话说就是使个性丰富的学生完全适应社会的要求，成为社会的"机器"；"为学科"就是片面强调学科知识的重要性，忽视学生情感的体验；而"为学生"表面上看是从学生自身角度考虑的，但这里的目标不是学生自己选择的，往往是社会、学校或家长强加给学生的，并且这样的目标大部分是以追求升学或就业为基础的，使得"高分低能"已然成为一种较为普遍

的现象。传统的课程目标不利于学生的成长，也不可能培养出真正全面发展充满个性的完整的人。

高中特色课程理论是改变这种现象的好出路，一方面，高中特色课程从学生的角度来看，通过丰富多样的选择性特色课程来彰显学生不同的个性。它正是在一些有利于学生的"发展问题"及"个人兴趣"的基础上开发出来的，因而它的课程目标是为了实现学生本体的自身要求，全面而个性化地实现学生的发展。它不是简单地把学生看作受教育的产品，而是更多地把学生当做一个真实、自然、充满个性化的人来看待。它的目标就是实现学生全面且个性化的发展。

另一方面，它作为一种教育目标，真实地体现了学生自身的感受，不再是一种强加，它在实现目标的同时考虑到学生作为一个真实的个体生命应有的情感体验，学生可以根据自己的需要选课程、选专业、选考试、选学校。高中特色课程目标把人的发展作为课程培养目标的第一要务。同时，不同的课程实施方案、不同的教师教学过程都是高中特色课程建设中人本主义思想的体现。

2.从高中特色课程内容上看,它验证了加德纳的多元智能理论的思想

霍华德·加德纳是世界著名发展心理学家，多元智能理论创始人，被誉为"推动美国教育改革的首席学者"。他在1983年出版的《智能的结构》提出人类存在着7种独立的智能，即语言智能、逻辑—数字智能、音乐智能、身体—动觉智能、空间智能、人际智能和自我认知智能。并进一步把智能定义为"一钟处理信息的生理和心理潜能。这种潜能在某种文化背景之下，会被激活以解决问题或是创造该文化所珍视的产品"。[①]这样看来，人的智能是潜在的、多样的、各不相同的。

传统的教育是一种统一制式的教育，它相信每个人都应该受到同样的对待，以同样的方式学习同样的课程。初看，这似乎很公平，没有任何人享受特别的待遇，然而，稍微思考一下就会发现统一制式学

---

①沈致隆.加德纳·艺术·多元智能[M].北京:北京师范大学出版社,2004:270.

校本质上的不公平。其原因是统一制式学校的理论基础，是基于所有的人都是相同的，统一制式的教育对每个人都是平等公正的。但事实上，人与人之间明显不同，而且人性和气质也各具特色。更为重要的是，每个人的思维方式也彼此各异，因而智能结构都是唯一的。

作为一个教育工作者，我们面临着一个严峻的选择，要么忽略这些差异，要么承认这些差异。这就使得一种认真对待人与人之间差异的教育——因材施教成为可能。传统的统一制式的教育把每个不同资质的学生在同一的流水线上加工，看似公平的统一课程，其实抹杀了学生应有的个性也违背了培养学生的初衷，毕竟我们社会需要的是各种各样且个性突出的人才。

高中特色课程在"特色"上做文章，顺应了不同学生的个性化发展。从学生自身角度，他们可以根据自己所擅长的不同的智能，选择不同内容的特色课程，发展自己的个性并成为社会需要的各种人才；从教师的角度，每个教师都可以根据自己的特长，安排适合不同学生的教学内容并运用个性化的教学方法来实施；从地方课程这个角度，每个区域各有各的特色，特色课程完全可以很好地体现地方文化及地域经济的特点。因而，无论是教育中的学生或者教师，他们都可以依据高中特色课程理论的追求，充分发挥自己独特的个性和智能，实现符合教育规律的成才目标，真正体现出多元化的智能目标的选择。

3.从课程评价的角度看,高中特色课程理论应和了建构主义的教育思想

建构主义课程观强调课程评价的过程性、情景性。所谓过程性往往以评价的多元化为基础，以社会建构与协商的意义为标准，将教师、学生的评价与社会、家长的评价进行整合。高中特色课程一改以往课程注重学科课程的片面性，从特色的角度开发一系列的校本课程和灵活多样的课程方案，这些课程不再是原本单一的学科课程，而是包括诸如学校特色、学生个性以及各种潜能综合的活动课程。而这样的课程本身就需要一个过程性的评价，不可能以某种终极性的方式来完成。比如，现在很多的特色课程都是和相关地域文化特色相联系的，开设这种课程涉及很多部门，自然评价也必须有这些部门一起来参与。

所谓情景驱动的评价则强调在真实而富有意义的情景中进行学习与教学，所以评价的标准应源于丰富的背景支持，设计者和评价者必须考虑学习发生的背景。高中特色课程正是迎合了这种评价的要求。首先，特色课程在实施过程中要考虑到学生的个人兴趣，由学生自主选择适合自己的学习科目以及进程方案，充分体现学习者自我建构的学习模式，真实而富于意义。其次，很多有意义探究性的学校特色课程，融入了相关的活动和情景，本身也是评价情景性的一种表现。

(二)实践价值

1.有助于改变高中同质化的倾向，实现高中多样化办学和学生个性化发展

一直以来，我国高中教育存在着同质化的办学倾向。这里的同质化可以包括课程目标、内容、评价系统同质化，甚至包括社会对普通高中学校认可度的同质化现象。

就课程目标而言，很多高中没有从教育的大方向——人的角度上建立教育目标，片面的追求升学率。升学是很多高中首要考虑的课程目标，以至于学生的身心、个性发展都被这一目标所取代，趋于扭曲。因为有这样的目标，必然会导致课程内容只与高考科目有关，其他有价值的课程内容被排除在外，评价一个学生也只是看他最终考取了哪一所高等院校。造成这种现象的原因主要是在统一的"高考指挥棒"压力之下，社会对某一所高中的认可度完全取决于高考升学率，这种片面追求功利化而忘记学生的教育是普通高中同质化的必然倾向。同质化的高中导致培养目标的单一化，扼杀了高中学生内在的个性和潜质。为此，《国家中长期教育改革和发展规划纲要（2010—2020年）》明确指出，普通高中类型单一、办学特色不足。我国高中教育的办学模式与管理模式一直在探索之中，但"千校一面"的问题仍然存在，高中阶段教育办学模式单一，行政命令、计划经济痕迹明

显，缺乏办学特色。并进一步表示，支持普通高中学校建立特色化课程体系，发展学校的办学特色。其内在的目的就是通过高中特色课程建设来改变高中同质化这一现象，真正实现我国高中学校的特色办学及学生个性化发展。

综观国外的高中，大部分是分类办学的，这个"类"其实就是各个学校的办学特色。韩国的高中在大的方面分为普通高中和"以专门教育为目的的高中"两种类型。以专门教育为目的的高中意指专门系及其他系高中。专门系高中是指以农业、工业、商业信息、水产、海运、家务、实业为专门教育内容的高中。同时为了尽早发掘培养具有特殊学科领域素质和兴趣的优秀学生，满足韩国国民对优质教育的期待，提供更多的优质高中教育资源，韩国还设立了一批"特殊目的高中"（以特殊科目教育为主的高级中学，注重特色化办学，简称"特目高中"或"特目高"）。其中，外语高中以培养外语外交人才为主，科学高中重点培养科学家，国际高中培养国际化人才，私立高中培养特色化人才。[①]我国高中学校出现同质化现象，很大程度上是被教育目标单一化所驱使，高中教育似乎就是为高等学校输送人才，除此之外别无他求，在高考这一唯一的目标指挥下，高中教育其实早就失去了它固有的价值和目标，沦落为功利教育的一种表现。

因此，借鉴国外高中，按照高中学校的不同性质来办学，是实现克服当前我国高中同质化倾向，实现多样化办学、促进学生个性化发展的有效途径。而高中特色课程正是高中多样化办学的一个合理的尝试。

2.有助于完善现行的高中课程评价系统,改变一考定终身的弊端

随着我国高中教育普及化、大众化，现行的高考评价制度逐步显示出弊端，如不利于大多数学生的个性化发展，扼杀了部分学生的潜能。高中特色课程建设正是为学生个性化、多样化发展而建立起来的一种新的课程理念，如果不改变现行的高考评价方式，高中特色课程建设必然受制于高考制度。

---

①艾宏歌.当代韩国教育政策与改革动向[M].北京:社会科学文献出版社,2011.

2014年国务院下发《国务院关于深化考试招生制度改革的实施意见》（国发［2014］35号），指出坚持育人为本，遵循教育规律。把促进学生健康成长成才作为改革的出发点和落脚点，扭转片面应试教育的倾向。并提出综合素质评价主要反映学生德、智、体、美全面发展情况，是学生毕业和升学的重要参考。要求建立规范的学生综合素质档案，客观记录学生成长过程中的突出表现，注重社会责任感、创新精神和实践能力，主要包括学生思想品德、学业水平、身心健康、兴趣特长、社会实践等内容。探索基于统一高考和高中学业水平考试成绩、参考综合素质评价的多元录取机制。随后，教育部分别发布了《教育部关于普通高中学业水平考试的实施意见》（教基二［2014］10号）和《教育部关于加强和改进普通高中学生综合素质评价的意见》（教基二［2014］11号）两个文件，主要是坚持全面考核、坚持自主选择、促进学生发展学科兴趣与个性特长、为每个学生提供更多的选择机会。并细化评价内容，诸如思想品德、学业水平、身心健康、艺术素养、社会实践等五个方面。上海、浙江随后分别出台了高考改革方案，其中上海明确规定综合素质评价内容主要包括：学生思想品德发展状况、中华优秀传统文化素养、修习课程及其学业成绩、创新精神与实践能力、身心健康信息、兴趣爱好与个人特长等。

要促使新的评价机制的形成，全面而多角度地完成对一个合格高中毕业生的评价，真正改变一考定终身的片面的评价体系，高中特色课程无疑是最好的途径。因为要涉及思想品德、学业水平、身心健康、兴趣特长、社会实践等内容，只有通过建立较为完整的高中特色课程才可能在实践中得以体现。

美国加州大学洛杉矶分校在新生录取过程中主要考察八个方面标准：①申请者高中阶段的全部成绩记录。包括修习课程的数量及取得的等级和分数。②申请者的个人品质。包括领导力、性格、动机、意志力、主动性、独创性、独立思考能力、责任感、洞察力、成熟性以及对他人和社区事务的关心。③可能对学校知识和文化活力的贡献。包括知识兴趣和成绩考察。还考虑申请者对增进学校文化、社会经济和知识多样性的意愿和能力。④学业表现与标准化测验。包括任何大学先修课程和国际文凭课程考试。⑤学术充实项目成绩。⑥其他成绩证明。包括申请者在任何知识或创造性活动领域取得的杰出成就、在艺术表现和体验方面的成就、工作经历、在学校或社会组织或活动中的领导力、社区服务。⑦各种机会。包括申请者获得各种学术和非学术的机会并如何利用这些机会取得成绩。⑧各种挑战，包括申请者曾遭受到的困难及不利情境。评审者会考察申请者应对和克服上述挑战过程中体现出的成熟性、决断力和洞察力。[1]这种相对全面且公平的评价系统基本上体现了思想品德、学业水平、身心健康、兴趣特长、社会实践等内容。而要实现这样的评价体系也需要通过相对应的高中特色课程体系来加以实现。否则，评价的各个方面就很难落到实处，成为一纸空文。

3.有助于于建立高中三级课程融合并与高校课程接轨

新课程改革实施以后，我国主要采取国家课程、地方课程和校本课程三级课程管理体系。但也出现了一些问题，比如说，三级课程自然融合往往是可望而不可即的。主要原因是各个学校为了保障好的升学率，必须按照国家高考的要求来组织实施课程教学，而所谓的地方课程和校本课程也只是成为一种摆设，应付上级主管部门的调研。在高中评价制度得到彻底改变之后，高中特色课程建设将会很好地融合三级课程，真正形成有助于学生个性、有助于地方发展的好的课程体系。

首先，各个不同的地域可以根据自身的特点，打造属于本地区的高中特色课程。这有助于因地制宜，使学生充分掌握地区文化特色。比如苏州中学最初是毁了大片湿地后又建设在湿地上的，因为建设资金短缺的原因学校无意之中留下一片湿地，此后经过了理解湿地、开发湿地、建设湿地等不同的阶段。在建设特色课程——"湿地课程"中努力达到三重境界：价值尊重与人性完善，互惠合作与社会和睦，

---

[1]该内容来源于2014年全国教育博士论坛浙江大学徐小洲院长的报告:新高考改革的挑战与机遇.

多元共生与自然和谐。这就很好地诠释了地域文化特色地方课程与高中特色课程形成完美的结合。

其次，高中校本特色课程也可以很好的结合国家、地方两级课程。有些国家课程中的一些内容没有明确化的选修课程，比如，《普通高中课程方案（实验）》所设定的艺术（或音乐、美术）、体育与健康、通用技术、信息技术科目，高中特色课程是其最好的补充。安徽工业大学附属中学坚持以人为本，确立"创造适应学生的教育"办学指导思想，致力于培养"志向高远、人格健全、基础扎实、特长明显"的合格中学生。学校开设了富有自身办学特色诸如陶艺课程、击剑课程、机器人等校本特色课程，取得了可喜的成果，培养了一大批特色人才。

麦克·扬在《未来的课程》一书中指出：对于未来课程的这些建议的核心原则实际上并不是要强调新的知识内容，虽然这些新的知识内容也应该得到发展，它所强调的是知识联系的新的方式。① 也就是说未来课程建设中课程知识的联系性是重要的。以前我国的高中教育和高等教育课程上存在着脱轨的现象，也就是说高等学校招生只能根据国家统一的高考科目来选拔人才，高校自身的专业特色无法在招生过程中体现出来。《教育部关于加强和改进普通高中学生综合素质评价的意见》（教基二［2014］11号）文件明确指出：高中实施学业水平考试，有利于高校科学选拔适合学校特色和专业要求的学生，促进高中、高校人才培养的有效衔接。这就为高中课程与高等学校课程的衔接打下了一个坚实的基础。

其实国外有关这类课程早已存在。美国的AP课程开设较早，根据DiYanni（2002）所言，AP课程试验计划开始于1951年凯尼恩国际紧急服务机构学院，1953年第一个AP考试很快落实。从1955年后，美国大学理事会（The College Board）研究制定并供高中11、12年级

---

①扬.未来的课程[M].谢维和，王晓阳等，译.上海:华东师范大学出版社,2003.

（9–12年级为美国高中）选修的AP课程。[①]进入21世纪的美国的AP课程进一步发展，至2007年，美国有近60%的高中开设了AP课程，90%以上的高校承认AP的成绩和学分。美国的AP课程设置的目标一方面让学有余力的学生有机会选修大学课程，满足自己的兴趣，提前体验、了解大学课程内容，为更好地完成大学阶段的学习做好准备；另一方面也让学生提早开始大学课程，为将来选择大学相关专业奠定基础，还能锻炼解决问题的技巧，为学习高难度的课程培养良好的习惯。并且选修AP课程也可以帮助学生拓宽学习视野，培养讨论、合作解决问题、清晰表达的能力，获得国际视野、国际竞争力以及迎接挑战的自信。美国的AP课程设置既有美国教育追求卓越的基本精神和加快优秀人才培养的努力方向，也有为大多数学生兴趣、学习力等综合素质的考虑。

　　随着我国高校自主招生力度加大以及高职院校考试招生与普通高校相对分开，我国有些地方已经开始实施AP课程的试点。2012年，作为教育主管部门，浙江省教育厅发布了《浙江省教育厅关于高等学校面向普通高中学生开发开设大学先修课程的指导意见》文件（浙教高教［2012］143号）明确表示：课程开发应坚持以学生发展为本，充分考虑高中学生的年龄特点、兴趣爱好、认知能力和高中阶段育人要求等，开发开设具有层次性和梯度化的先修课程，并提出课程开发应坚持特色化、多样化。充分利用高校自身教育教学优势，尤其是特殊优势，主动与普通高中建设对接，努力开发开设多样化的先修课程，推动普通高中特色化、多样化发展。同时，在课程设置上，附加上职业类甚至更多的类别。因为考不上大学的学生以后还要面临走向社会的择业过程，加强职业类AP课程的开设，有助于学生学习一技之长，高中毕业后更好地融入社会。

　　高中特色课程不仅完善了国家、地方、校本三级课程的结合，同时也完善了与高等学校课程的衔接。在课程内容的广度和深度、文理

---

①Thompson,Trina; Rust, James O. FOLLOW–UP OF ADVANCED PLACEMENT STUDENTS IN COLLEGE[J]*College Student.2007(2)*416–422.

综合、与职业实践紧密结合以及公民意识的教育方面发挥相应的作用。

4.有助于建立灵活多变的课程实施方案,发挥教师的创造性

过去的学校课程往往是大一统的,教师在一定的课程方案限定下,只能"带着镣铐跳舞",对课程的内容、实施及改革没有太多的发言权,可以说教师是课程的忠实执行者。一切围绕教学大纲,一切为了高考服务是高中各科教师最基本的要求。

高中特色课程一改以往课程方案中教师这一被动执行者的角色,因为它不仅包括符合学生个性和学校发展的特色课程,还包括国家课程的内容选择、编排、呈现方式在实施过程中将特色化、优质化,如教学方法、教学手段、教学设计模式的特色化与优质化。这些灵活多样的课程实施方案,给个性化教师发展提供了很好的平台。一方面发挥了教师的特长,另一方面也有助于教师专业化的发展。比如,如杜郎口中学的"无师"课堂教学模式其实就是一个很富个性化的教学方法,所谓"无师"是指在课堂上老师进一步放开,让学生在课堂上真正实现"自主、自由",而这是需要老师做出精心设计,是需要老师做好悉心指导的。其实类似的做法早就在潘凤湘老先生的语文教读法中有所体现,通常一堂典型的教读法课是这么进行的:默读课文、查字典和相关资料;分学习小组朗读课文、听写字词;按规划写读书练习;分学习小组互评读书练习,写读书札记和卡片,背诵课文。据说有一次有教师慕名前来观摩,潘老师走上讲台问了几个本文相关的问题就转身离开教室。听课者纳闷遗憾,总不能一无所获就回去吧,于是每人找一个班级学生观察他们的学习情况,结果大吃一惊,潘老师班上的学生经过长期的教读法训练早已养成良好的学习习惯,他们都能熟练地查找工具书和制作读书卡片,老师在与不在一样学、一样学得好。听课者若有所得,所听不如所看,功夫都在课外。教无定法,高中特色课程鼓励特色化的实施方案,它为教师个性化教学以及自身的专业发展提供了一个好的舞台。

五、高中特色课程建设的现状分析

为了更进一步了解高中特色课程建设的现状，本研究在国内 M 市一些高中进行了问卷调查，设计了《普通高中特色课程调查问卷》，问卷涉及对象包括高中教师、学生以及学校管理者——校长。同时，利用在韩国又松大学做高级访问的机会，对韩国大田市部分高中相关校长做了问卷访谈，了解了韩国高中在高中特色课程一些好的做法，收集了一些高中的课程计划。目的是为了真实地了解高中特色课程建设在实践中到底存在哪些问题。

（一）国内 M 市问卷调研情况

从国内 M 市调查问卷的情况来看，本研究发放《M 市普通高中特色课程调查问卷》（发放问卷 280 份，回收 276 份，回收率 98.57%。该问卷设计教师问卷和学生问卷两种），设计了对高中特色课程开发的必要性、优势性、主要课程资源、有效途径等方面的问题。具体数据如下：

表2：M市普通高中特色课程调查问卷统计（教师卷）

调查内容　　人数　　比例	选择答案人数及所占比例					
	A	B	C	D	E	F
1.你认为普通高中教育培养目标是	15　5.4%	6　2.1%	15　5.4%	240　69%		
2.现行普通高中新课程方案较之以前高中课程结构上特点	56　20.2%	147　53.2%	53　19.2%	20　7.2%		

(续　表)

调查内容	选择答案人数及所占比例					
人数　　　比例	A	B	C	D	E	F
3.普通高中有开设特色课程必要性及优势在哪?	132　47.8%	144　52.1%	0	0		
4.你所在学校的性质	182　65.9%	94　34%	0	0		
5.高中特色课程建设最有效的途径	48　17.3%	78　28.2%	90　32.6%	60　21.7%		
6.选修课程中最能表现特色课程建设的是	188　68.1%	28　10.1%	9　3.2%	51　18.45		
7.学分制如何实现特色课程建设	85　30.7%	65　23.5%	34　12.3%	92　33.3%		
8.高中特色课程评价机制特色化表现为	86　31.1%	0	10　3.6%	180　65.2		
9.普通高中综合指导制度的特色表现在	242　87.6%	11　3.9%	4　1.4%	19　6.8%		
10.现行高考制度对普通高中特色课程建设的作用	32　11.5%	34　12.3%	21　7.6%	189　68.4%		

（续　表）

调查内容 人数 ＼ 比例	选择答案人数及所占比例					
	A	B	C	D	E	F
11.你校特色课程建设面对的最大难题	62 22.4%	34 12.3%	124 44.9%	56 20.2%		
12.你校参与特色课程建设的教师来源	178 64.4%	34 12.3%	8 2.8%	56 20.2%		
13.特色课程建设给教师自身带来的变化	122 44.2%	27 9.7%	114 41.3%	13 4.7%		
14.特色课程中选修课程的开设的作用	78 28.2%	86 31.1%	56 20.2%	50 18.1%		
15.影响学校特色课程建设最重要的因素	76 27.6%	88 31.8%	46 16.6%	60 21.7%		
16.你校特色课程的资源主要来源于	168 60.8%	86 31.1%	17 6.1%	5 1.8%		
17.你认为学校显性课程外,隐性课程应包括	50 18.1%	78 28.2%	56 20.2%	86 31.1%		
18.特色课程的几个特色点,作为教师你认同	43 15.5%	57 20.6%	62 22.4%	48 17.3%	0	66

调查内容	A	B	C	D	E	F
19.特色课程在教学上你有哪些新的做法	145 / 52.5%	87 / 31.5%	9 / 3.2%	35 / 12.6%		
20.你身边的教师对特色课程建设的态度	239 / 86.5%	35 / 12.6%	0 /	4 / 1.4%		

表3：M市普通高中特色课程建设调查问卷统计（学生卷）

调查内容	选择答案人数及所占比例					
人数 / 比例	A	B	C	D	E	F
1.你是高中几年级学生？	102 / 34%	101 / 33.6%	97 / 32.3%	0 /		
2.你对现行高中课程感觉？	46 / 15.3%	28 / 9.3%	58 / 19.3%	178 / 59.3%		
3.你理解的高中特色课程应该是？	78 / 26%	32 / 10.6%	168 / 56%	22 / 7.3%		
4.你以为当今普通高中培养目标是什么？	5 / 1.6%	57 / 19%	62 / 20.6%	176 / 58.6%		
5.针对培养目标你以为有必要实施高中特色课程建设吗？	213 / 71%	5 / 1.6%	78 / 26%	4 / 1.3%		

(续　表)

调查内容	选择答案人数及所占比例					
人数 ／ 比例	A	B	C	D	E	F
6.你所在学校特色课程主要表现在	86　28.6%	21　7%	4　1.3%	189　63%		
7.你以为影响你所在学校特色课程建设可能原因是	85　28.3%	79　26.3%	126　42%	10　3.3%		
8.你所在学校课程学分制、走班管理实行如何?	216　72%	78　26%	4　1.3%	2　0.6%		
9.你最感兴趣的特色课程是?	104　34.6%	86　28.6%	78　26%	32　10.6%		
10.选择你感兴趣的特色课程你父母的态度	88　29.3%	45　15%	24　8%	143　47.6%		
11.对现行高考评价制度你的态度是	76　25.3%	36　12%	67　22.3%	121　40.3%		
12.你觉得哪些方面需要建立指导教师制度?	86　28.6%	51　17%	98　32.6%	65　21.6%		
13.对大学先修课程的实施你的态度是	65　21.6%	96　32 %	38　12.6%	101　33.6%		

（续　表）

调查内容 人数＼比例	选择答案人数及所占比例					
	A	B	C	D	E	F
14.你认为高中特色课程的性质是	25 8.3%	123 41%	87 29%	43 14.3%	22 7.3%	
15.针对学分制,你认为如何实现特色课程?	96 32%	67 22.3%	56 18.6%	81 27%		
16.你认为隐性课程应包括	56 18.6%	67 22.3%	12 4%	165 55%		
17.高中特色课程建设给你带来哪些变化?	97 32.3%	96 32%	65 21.6%	42 14%		
18.你认为影响你校特色课程建设最重要的因素是	34 11.3%	78 26%	124 41.3%	64 21.3%		
19.国外高中特色课程有巧借企业这一特点。你认为这种做法应注重的是	65 21.6%	24 8%	178 59.3%	33 11%		
20.高中毕业后你的人生规划可能是	202 67.35	34 11.3%	56 18.6%	8 2.6%		

从回收的问卷来看，对高中开设特色课程的态度，86.5%教师和71%的学生认为有必要，证明在当下高中课程改革重视选择性和多样

性课程的同时，高中特色课程建设能为广大师生所理解接受。48%的教师认为高中特色课程有利于学生个性化发展，实现高中教育大众化，56%的教师认为高中特色课程主要应依据学校办学理念，系统设计开发、培养特色，并有40.6%的高中教师将特色点定位在基于独有资源和学校学科优势两个方面。56%的高中学生回答自己所理解的特色课程应该是"在先进的教育思想指导下，根据本校的办学理念，以学生的需求与发展为核心，以地域、社区与学校资源为依托，经过长期的课程实践，逐步形成和发展起来的具有独特性的整体风格和出色的育人成效的课程、课程实施或课程方案"。可以这么说，国内高中无论是教师还是学生抑或校长对高中特色课程都是持欢迎态度的，大家基本都觉得高中开发特色课程有利于学生的发展、有利于学校形成特色。

但毋庸置疑，从问卷回收和时间访谈中，我们也看到了很多现实的问题：比如，在现行高考制度没有改变的情况下，普通高中特色课程建设估计很难有效实施。有63%的教师认为必须对高考制度进行改革才能满足现行的高中课程改革方案，完善特色课程的多样性和选择性；有72%的学生认为其所在学校基本上还是实行以前的大班教学管理，与特色课程有关联的学分制、走班化管理没有得到运行。近65.6%的学生建议完善高考制度，进一步与高中必修、选修课程专业性接轨，同时建议增强校内评价的权重，注重形成性评价；在调研影响普通高中特色课程主要因素这一问题时，41.3%的教师和学生认为学校受经费场地等限制，无法开设更多的特色化的选修课程。由此可知，特色课程的开发必须有必要的政策性经费支持，仅仅依靠学校自身的财力无法满足课程建设的需求；此外，59.3%的教师认为学校特色课程建设的师资来源主要是本校教师，利用社会力量和高校教师资源还显得不足。

（二）韩国D市高中调研情况

在韩国大田市做交流访问一年时间里，本人就大田地区的有关高中做了相关的课程计划材料的收集，并对一些高中现任校长做了相关问卷调查，内容涉及学校开设哪些特色课程、如何设计、实施、实施过程中遇到哪些问题、如何调整及得到怎样的启示。大田国际通商高中李硕范校长、大田女子商业高中洪成学校长、大田龙山高中郑学顺校长以及序德工业高中李判希校长分别就问卷内容做了较为详细的回答。

综观调研反馈资料所显示的信息，本研究以为，尽管韩国的高中在分类方面有别于国内，韩国的高中大的方面分为普通高中和以专门教育为目的的高中两种类型。以专门教育为目的的高中意指专门系及其他系高中。专门系高中是指农业、工业、商业信息、水产、海运、家务、实业为专门教育内容的高中。其他系高中是指以科学、体育、艺术、外国语、国际为专门教育内容的特殊目的高中。但在课程设置及高考评价这些方面两国高中还是有比较近的相似性。根据上述调研信息和收集的课程资料，本研究觉得：从特色课程开发规划层面上，韩国高中比较注重全员参与、多角色协商课程方案。韩国大田龙山高中校长郑学顺在介绍该校特色课程如何设计这一问题时，坦言该校特色课程（诸如音乐、美术学科）主要在学期初就和学生、家长调查、协商后来选定开设。不仅如此，有些学校还会考虑社会的需求，比如大田女子商业高中在开设特色课程"会计经营学""会计信息学"中，往往以年中活动的形式将企业人力资源部门的意见反映在教育教学的课程建设之中，努力使学校培养企业中最重要的熟悉会计业务的会计职员。通常将最新的会计原则与信息融入到课程建设之中；从课程实施层面，韩国高中比较注重合理利用高校资源，开发紧密联系地方高校、有助于学生学业发展的特色课程，如韩国大田科学高中所实施的"学术引入"和"共学方案"等相关制度值得国内高中借鉴。并且，这些课程方案一般以3—5年为一个周期进行修订；从特色课程评价层面上，尽管韩国和中国一样，高考竞争也很残酷（如韩国又松大学酒店观光系是该校品牌专业，每年报考该校这个专业的韩国高中生和录取学生比率大概为1:50），但韩国高中相关特色课程中的有些特色课程会在高考中体现，如专门系高中大田女子商业高中"会计基础理论"会作为高考中必考内容。有些特色课程则未必在高考中体现，诸如音乐、美术等特色课程，通常只是在学校内来考核。但这种考核有别于国内的高考，它可以作为学生高考成绩的依据。原因是韩国高考成绩不完全取决于一张试卷，高中学生生活往往通过内审制来加以体现，内审涉及生活记录袋展现，一般占据入学成绩的30%。同时，韩国的入学查定官制度也保障了大学入学考试相对的公平，他们通过能力测试、生活记录袋、论述、推荐信、面试等环节对申请入学的高中毕业生进行判断和最终决定。此外，韩国高中在相关特色课程开发上，十分注重细化，这一方面的内容将在后文详细比较。

　　为此，本研究将着力研究高中特色课程建设理论依据和实践价值究竟何在？特色课程的目标、性质、特征、种类有哪些？高中特色课程要素有哪些？高中特色课程开发的具体步骤与配套措施究竟有哪些？特色课程建设中存在哪些问题？如何解决？如何借鉴国外特色课程一些好的做法？

第二章　高中特色课程理论分析

一、高中特色课程界定及其内涵

高中特色课程不同于一般意义上的高中课程，它的界定取决于对"课程"这一概念理解意义不同而各异。如果把课程理解为一般意义上的"学科"或"学习经验"，那么高中特色课程可能指的就是学校根据学生的个性发展需求和学校发展特色开发出来的学校校本课程。这里的校本特色课程可以涵盖学校所有有利于学生发展的生活指导、学业指导乃至生涯发展指导的相关课程。既包括学科课程，也包括活动课程。另一方面，如果把课程理解为后现代意义上的"跑的过程"，那么高中特色课程的内涵界定则可以理解的更为宽泛，它可以上升到相关课程实施过程中的特色化，即"课程的特色"，甚至包括学校在制定课程方案过程中的特色化措施所形成的课程组合方案，它主要是针对高中课程结构上的多样化、选择性的重组、优化。鉴于此，国内的学者石鸥教授把高中特色课程界定为在先进的教育思想引领下，根据学校办学理念，以学生的需求与发展为核心，以地域、社区与学校资源为依托，经过较长的课程实践，形成和发展的具有独特性、整体性和优质性的课程、课程实施或课程方案。

高中特色课程的界定决定了高中特色课程的目标和性质。从课程目标这一角度来看，高中特色课程主要服务于学校的办学理念和学生的需求和发展，并以地域社区以及学校资源为依托。普通高中各个学校办学理念应该有所不同，虽然我国并未实施国外有些国家的分类高中体制，但每个学校都有自己的办学特色，这也是改变高中办学同质化的必然要求。国家倡导高中特色办学，实现"一校一品"的理想也是高中特色课程建设的合理依据。更为重要的是，人是各不相同的，每一位高中学生都有着自身不同的个性和发展需求，一味地以统一制式的课程来教育不同的学生显然背离了因材施教的教育理念。因而，从高中特色课程建设的目标来看，它既符合学生个性化发展的要求，也符合我国现行教育状况下实现高中特色化办学，改变高中同质化现象的需求。

但也有两点值得关注，一是高中特色课程从政策层面上分析，主要还是响应《国家中长期教育改革和发展规划纲要（2010—2020年）》，力求把高中办出特色。因为特色课程建设是特色高中建设一个重要的承载点，以此为依据，现阶段高中特色课程建设的第一目标倾向——为学校发展定位已成为大多数学校的共识。但为学校发展定位的特色课程开发是否就应然地和教育的目标相契合？这一点值得怀疑。首先，有些学校开办自己的特色课程完全是为了拓展学校的社会影响力，寻求以点带面的效果。潜在的目的是在日益激烈的升学竞争中占得一席之位，其背后功利之目的昭然。教育本身的性质决定着教育是一种长时间、慢收效的工作，一个学校要真正地靠自己的内涵建设博得社会的认可，单靠一至两项的特色课程无法实现这一目标。同时，学校与学校之间有共性也有差异，从共性的角度来看，如果各个高中都依据自身优势，开设本校的特色课程或课程群，势必造成重复建设、资源浪费。短期无大碍，长期影响必然显现，当下很多的高中都建设了一系列的艺术特色课程，美术、体育特色课程，看似蓬勃发展，其实危机已然存在。从差异的角度看，似乎特色课程建设有助于错位发展，多样并在，有利于教育公平。但事实上很多的普通高中往往是被迫为之。因为在高考竞争这个主旋律下，无论是生源还是师资，这些高中都无法和重点高中相比较，为了生存，被迫改弦更张，以特色艺体课程作为突破点，力争在艺术类高考招生中找到自己的位置。安徽省宣城三中（该校被中央教科所和全国教育科学规划办确立为"全国教育科学规划普通高级中学特色项目学校"）以艺体特色为主导的特色学校建设也正是建立在生源萎缩、质量下降，为了维持学校的生存问题而寻求突破的。①无论是学校在共性还是差异性基础上建立起来的为学校发展定位开设的特色课程，从根本上讲都容易导致对学生全面发展的忽视，从而背离了教育改革和发展的使命，也难谈得上是真正意义上的教育公平。

二是开发特色课程的目标是实现学生个性发展。这种共识是鉴于以往高中教育隶属于精英教育，高中的终极目标就是为高校输送合格的后备军，高中教育同质化现象比较普遍，不易于学生人尽其才，个性化发展。但问题是个性化发展的基础是充分挖掘学生的内在潜能，当下高中学生到底需要开发哪些潜能？是否存在有适合高中学生潜能的统一性特色课程？按照伊斯雷尔·谢弗勒的观点，潜能概念蕴涵了源于以往哲学传统的三个神话，即潜能的稳定性、和谐性及价值性神话。②关于所谓的潜能稳定性，谢弗勒认为恰恰相反，一个人所拥有的潜能的数量是随着时间的推演不断变化的，人的潜能的实现，都是非常偶然的，受制于人们的意图（个人和社会的）、可能的资源以及理智的限度。并且，潜能的变化是相互联系的，某种变化会对其后的变化产生独特的影响。这样看来，特色课程从开发学生潜能角度必须考虑学生的年龄段及先后顺序之间的关系，完整、统一的特色课程对学生个体潜能开发来说是不存在的。对潜能的和谐性，谢弗勒则认为人有多种潜能，但一种潜能的实现不等于所有潜能的实现。每个人都有不同的生活，生活的多样性取决于每个人不同的选择。那种认为能够全面实现一个人所有潜能的观点不符合事实。这意味着特色课程建设应该具有选择性，让每一个不同个性的学生都有机会选择适合自己潜能开发的课程，个性化的选修课程是特色课程最佳的外在形式。至于潜能的价值性神话，谢弗勒批评那种把潜能的实现都看成会产生好的结果的观念，指出我们不仅需要考虑到潜能的价值的相互矛盾性，

①参见王飞.走向特色高中[M].安徽师范大学出版社,2012:20.

②谢弗勒.人类的潜能——一项教育哲学的研究[M].石中英,涂元玲,译.上海:华东师范大学出版社,2006:11、12.

更要看到潜能实际上存在负面价值。这个观点也验证了特色课程选择性的合理性，我们不可能开发那些有悖于学生健康成长的课程，无论它们有多大的利益、商机。而应开发那些解放人的心灵、增强人的批评能力，丰富人所拥有的知识，启迪人的同情心并赋予人道德与实践选择能力的相关特色课程。因而，选择性和个性化是高中特色课程开发学生潜能的基本要求。

本研究认为，高中特色课程定位为学生发展需求和学校特色办学应该互不矛盾，因为学校的特色办学最终目标都是为学生发展需求服务的，撇开学校服务的终极对象学生来谈特色显然是不符合学校的一般教育规律的。同时也要注意到学生的要求各不相同，学生的潜能也因人而异，所以高中特色课程的选择性和合理性也是需要考虑的因素。

二、高中特色课程的性质

综合高中特色课程的内涵，本研究把高中特色课程性质概括为以下几个方面：

（一）独特性

所谓"特色"，就是指与众不同，有自己的特点。"特"有独特之意，"色"即出色之意。可以说"特色"就是独特出色，具有优秀、独特的本质。独特性其实就是个性的彰显，是与其他学校课程相比与众不同的课程品质。它根据时代发展对人才多样化需求、学校资源配置差异性以及学校课程建设自主性，对学校自身文化传统、教育资源加以挖掘，根据本校学生不同兴趣、爱好、特长而形成的单项课程或课程群，基本具备"人无我有"的一般意义。独特性是高中特色课程的核心特征之一。

（二）优质性

高中特色课程独特性和优质性两者密不可分。优质性可以说是独特性形成和发展的环境与土壤，没有课程优质性作为基础，课程独特性就成了无源之水、无本之木，缺乏生命力和存在的价值；同时，课程独特性又是优质性的外在表现，是课程优质性保持的基础。高中特色课程的优质性主要表现在两个方面，一方面表现为特色课程本身的科学性与先进性；另一方面，表现为教育质量优质，取得了出色的育人成效，得到上级教育行政部门、其他学校、学生家长和社会的高度认可，具备了"人有我优"的一般意义。

（三）多样性

高中特色课程多样性主要表现为形形色色、不拘一格。多样性既有课程种类的多样，可以是国家课程，也可以是地方或校本课程，可以是单项课程门类，也可以是一系列课程群。也可以是层次多样，不同的学生可以根据自己的学习能力力选择不同的课程、进度来学习，形成不同的"学程"。还可以是课程实施的多样，可以是实践课程，也可以是研究课程，不同的特色教师可以有不同的课程实施方法。可以说，高中特色课程的多样性是课程选择性的基础，没有多样性就谈不上选择性。同时，它也促进了学生依据不同的个性的多样化发展。

（四）选择性

高中特色课程建设的目的就是要改变我国高中统一制式的课程所形成的同质化倾向，就是要依据学生不同的兴趣个性来培养多样化的人才。这些目标的实现基础是必须让课程具有广泛的选择性。那种不分学生资质、潜能、禀赋，不分学校文化和传统特点的特色课程，一定不会是真正意义上的高中特色课程。

（五）整体性

高中特色课程广泛的选择性并不是不要课程的整体性，造成课程无止境的蔓延。所有的高中特色课程必须服从于学校的办学目标，符合学校办学理念，服务于学校的特色教育，并能有效地融合在学校整体课程框架之中，协调与其他课程之间的关系，发挥学校课程体系的整体价值。这一整体性可以概括为三个方面：一是课程本身以拓展型或者研究型课程形式存在，能与国家课程形成互补的关系，在整体课程框架中，充分发挥特色课程价值和功能。二是高中特色课程建设需要整体的"特色氛围"。即高中特色课程建设需要的是全体师生、学校、家长、专家乃至社区共同作用。三是特色课程促进学生多样化、个性化发展，不仅仅是为了某类学生，而是为了学校的每一位学生的终身发展。

（六）创新性

要保持高中特色课程的"独特性"，就必须不断创新，才能保持课程新鲜的生命力，保持可持续的特色。这种创新不是对学校原有课程的改头换面，而是真正对学校传统课程建设经验的改造，赋予其时代的内涵，它可以对已有课程资源进行重组，以崭新的形式和实质来彰显，也可以对潜在的课程资源进行挖掘，构成优质资源和特色课程建设之间的内在联系。

三、高中特色课程特征

根据上述对高中特色课程内涵的界定，本研究以为高中特色课程建设要把握以下几个特征：

首先，高中特色课程的资源应来源于地域社区或者学校。从这两方面来看，高中特色课程应主要从属于我国三类课程的地方课程和校本课程。每所高中所处的地域有所不同，而不同的地域乃至社区所形成的文化资源也不尽相同，学校可以在这些不同历史文化底蕴中发掘有利于学校办学、有利于学生发展的地方性课程，为学生的生活、学业乃至生涯发展提供帮助。韩国大田市科学高中利用大田市高校资源，积极开发学生和科研人员共同研修的"共学课程方案"，一方面帮助学生及早寻找到自己将来可能的发展方向，另一方面，通过与科研人员一起研究学习，学生也会在这些科研人员身上学到一种基本的科研精神和态度，为学生个人发展打下良好的基础。当然，学校本身的历史传统、文化积淀也必然是高中特色课程的一种开发渠道。很多学校文化传统悠久，其办学经历就是特色之所在，这样的高中完全可以依托本校资源开发自己有特色的高中校本特色课程。如M市A大学附属中学本着"文理兼修、艺体见长、教风严谨、学风诚朴"的校风，关注并尊重学生的禀赋、特长与个性差异，积极引导学生发展自己的优势潜能，努力促进学生全面而有个性的发展。目前该校以自身办学传统建设的艺体特色课程发展迅速，已成为国家级体育传统项目（击剑）学校、省级体育传统项目（田径）学校。但值得注意的是，地域性文化传统和学校积淀的办学特色未必就可以成为学校特色课程的资源，有些地域性、学校的文化传统或已过时，这些过时的、不符合现代社会发展的特色课程资源应该不宜作为特色课程的选择材料，所以，高中特色课程的地域性、校本性的特征要受到特色课程选择性的鉴定。

其次，高中特色课程还应经历长期课程实践的考验。这一特征说明了高中特色课程不是一蹴而就的，它需要在课程实践的长期考量下，得到广大学生、教师甚至家长的认可，逐步优化、组合，形成自己的特色。这种长期课程实践考验最终目的就是使得高中特色课程由最初的"多样性"最终走向"特色性"，考验的标准可以有两条：一是这种特色课程是否真正有利于学生的发展和学校的特色化办学。有利于学生发展、学校特色化办学的高中特色课程是否一定可以得到广大学生、教师、家长的欢迎，这是高中特色课程开发合理化的依据。二是这些课程是否能融合到学校整体课程体系中。单一的、特立独行的高中特色课程很难发挥出课程的意义，只有那些符合服务于学生、服务于学校办学特色，并能和其他学校相关课程形成一定关系且能体现学校整体课程体系价值的课程才是真正意义上的学校特色课程。

再次，高中特色课程可以是一门课程，也可以是一个课程群或课程领域。某一学科或者某一教师经过长期课程实践被广大学生所认可的特色课程可以形成一门相应的高中特色课程。如A省D中学为了使新疆班学生更好地了解传统中国文化，开设了一系列的高中特色课程。这其中有 C 老师结合语文特征给学生开设的《优美的汉字》文化活动课程，通过学生学习了解汉字的所沉淀的文化底蕴，拓展学生的视野，培养新疆维吾尔学生对汉字的兴趣；也有依据学科内可渗透的民族传统文化挖掘特色课程领域。比如同样是语文课程，该校结合课本中的古诗词等文化经典，教师指导学生按照《语文课程标准》的建议，将《唐诗三百首》《宋词三百首》中的部分诗词，编排经典系列，让学生诵读最优秀的作品，在诵读、感悟、赏析中进一步体会中华民族的传统文化。同时，对诞生于 D 县的我国历史上的第一部启蒙经典《千字文》，以及李白、李之仪等人在 D 县的诗文等资源进行收集整理编排，时间安排上每周一到两节课。按照诵读系列安排专题讲练，举办唐宋诗词朗诵会，帮助学生的学习内容向纵深拓展，培养学生多方面的能力和良好的素质。这些诗词诵读和鉴赏课程就构成了语文这一领域的相关特色课程。当然，该校还有针对性地系统开设了历史文化名人研究、美术课的剪纸、脸谱以及体育课武术、跳绳、踢毽、蹴鞠、掷沙包等等，都既体现了我国汉民族的文化底蕴，又使得新疆维吾尔族学生通过学习了解了我国文化传统。这些课程又可以看做是高中特色课程课程群。

四、高中特色课程种类

就高中特色课程类型这个层面，石鸥教授把特色课程归为三类：一是指学校自己创造性开发的课程，是有特色的课程。这类课程本质上属于学校自主开发的新增校本课程，其共同特点是由学校自主、独立（或与校外机构合作）开发，旨在满足本校学生学习需要的课程。这类课程有较大创新余地，且有很多形式。一般不属于国家课程，而是相对外围的（地方的——本次高中课程方案未规定地方课程），具有校本性质的课程。这类课程只有逐渐稳定下来，成为学校长期不断完善、持续开设且师资稳定并受到学生欢迎的优质课程时，才是特色课程。二类是指学校对各种课程的创造性或特色化实施，是课程的特色。这类课程往往涉及国家课程或常规意义上的主要课程，是国家课程的特色化实施。经过特色化实施之后的既定课程，也就成为特色课程的一种类型。三类是指一所学校的整个课程结构及其实施方案，是课程的特色组合方案。即学校按照国家高中课程方案的规定开设课程，但它基于对办学特色的追求而对这些课程进行实质性的多样化、可选择性的重组、优化，不仅允许学生选择不同的课程，而且在学习程度上也可以不尽相同。由此可见，石鸥先生的特色课程种类既包含独特的课程门类，也包括创造性的对某些课程的特色实施以及对国家课程方案的校本化实现。[①]

北京教育科学学院学者黄晓玲与石鸥先生的观点有相通之处。她认为特色课程是学校在一定办学思想指导下和办学实践中逐步创建的具有一定特征和影响力的课程，对于当前普通高中学校而言，它既可以是一门课程，也可以是一类课程或一个课程群、一个课程领域；既包括对国家课程的改进，也可以指一些地方课程和学校的校本课程。在此基础上，进一步把特色课程分为四种：一是国家课程的特色课程，主要是国家课程校本化实施；（相当于石鸥的课程的特色）二是地方课程的特色课程，主要依赖于地域特点和优势；（相当于石鸥的特色的课程）三是校本课程的特色课程，目前多数学校特色课程属于此类；（相当于特色的课程）四是三级课程整合的特色课程，主要是学校从办学理念和培育目标出发，依据一定的统领主题整合成的新的课程。（相当于特色的课程）并就特色课程主要形态上划分为分科课程（主要是学科特色课程、学科拓展课程、科目课程，也包括目前一些实践性领域）、综合课程（关联课程、融合课程、广域课程、核心课程和问题课程）。[②]

学者邢至晖、韩立芬认为，特色课程的开发呈现出多样化的特点，从整体性课程结构观看，特色课程的类型可以有宏观、中观、微观三个层面。宏观层面的特色课程也称为学校层面特色课程模式，从

①参见石鸥.普通高中特色课程开发研究[J].中国教育学刊,2012,(12).

②参见黄晓玲.普通高中学校特色课程建设的实践路径[J].教学与管理,2012,(10).

范围上看，是从一所学校的角度来关照特色课程的整体；从内容上看，是学校所开设的一系列承载不同目标的特色课程；从实施上看，则涵盖国家基础型课程和校本特色课程，是对两者的统整。从外在存在形式来分析，可以是基础型课程与校本特色课程，或者是正式课程与潜在课程，或者分科课程与综合课程，或者学科课程与活动课程，或者必修课程与选修课程；中观层面的特色课程也可称为学科领域的特色课程集群。从范围上看，涉及的是某一科类校本特色课程的建设，从形式上看，其构成要素是指某一科类及该科类内部的具体科目，学科课程按照科目分，可以分为工具科、社会科、自然科、艺体科等等；微观层面的特色课程称为独立的、具体的校本特色课程。从范围上看，是指某一具体科目内校本特色课程的建设。从形式上看，其构成要素是单门特色课程，但类别却是各式各样、多姿多彩，不同的学科领域可以开设多种具体的校本课程，其关系是指校本特色课程内部要素之间的关系，表现为具体课程内容的逻辑安排、课时比例分配、在不同学段的纵向衔接、课程内容与学习方式之间的适应等。①

国内关于特色课程建设有盲目化、扩大化现象。国内有学者把我国创建学校特色实践中不尽如人意的现象概括为：一是功利化，特色成为学校获取"功名"或招揽生源的"招牌"，特色发展没有和学校的办学理念有机结合，特色站位不高；二是口头活，特色成了某些人的口头禅，言必称特色，将特色建设与学校的常规工作混为一谈，缺少创新点，难以体现其独特性与优质性；三是拼盘化，特色应是对办学诸多要素进行深入考量之后进行的必然选择，但部分学校只是罗列特色，缺乏对特色的整体规划与设计；四是短期化和多边化，特色本质上是一种长期稳定状态，但部分学校在特色发展方向与内容选择上却摇摆不定，定位不准、定位不稳。②进一步形成"三多三少的现象"（认识层面多，实践操作少；课外实施多，课程实施少；贴标签

---

① 参见刑至晖,韩立芬.特色课程8问[M].上海:华东师范大学出版社,2013:17-21
② 殷桂金.普通高中学校特色的定位与类型[J].教育科学研究,2011,(11).

多，积淀生成少。）①综观上述三种对特色课程不同的划分方法，为了更好地理清高中特色课程类别，本研究认为可以从两个方面加以归纳：

首先我们可以在大的方向上把高中特色课程归纳为显性课程、潜在课程两个大类：

所谓显性课程即我们司空见惯的学校课程，包括学科教学与生活辅导两个方面。从学科教学这个层面上，高中特色课程理应包括国家课程特色化实施、学校课程特色方案、校本特色课程。这个方面学者石鸥概括的比较系统。它们都属于显性的高中特色课程。在这一方面，国外与我们有所不同，发达国家的高中特色课程主要是基于显性的课程，可以通过个性化、多元化的学校选修课程来实现，一方面可以根据学生的个性特长、内在需要设置各种有特色、具选择的高中特色课程；另一方面，既可以依照学生不同的学习进度设置不同的课程方案，也可以依据学校的办学特色把国家课程、地方课程及校本课程做很好的调整。正如有学者所言，特色课程在学生成长过程之中的地位与作用和当前一些发达国家开设的具有多元化、个性化的选修课程有异曲同工之效。②

国内显性高中特色课程建设研究值得注意：一是国外主要通过学校课程建设来加以体现，具体来说，它们的特色可能过多表现在学校课程选择、开发以及实施等方面，就课程谈特色比较普遍。而国内在特色学校建设这个方面，不完全局限于课程建设方面，还涉及学校建设其他各个方面。比如，学校课程管理（校长决策）、学校的师资建设、学校的文化建设等。造成这方面差距的原因可能是因为我国课程的高度集权，学校在课程建设方面的分权有限，加上高考的制约，真正地形成以学校自身为办学特色的课程还欠缺政策的支持，要想形成国外的那种就课程建设来彰显学校特色的办学可能要承担一定的风险。二是在学生指导制度方面，我国尚未和国际接轨。现代意义上的

---

①黄晓玲.普通高中学校特色课程建设的实践路径[J].教学与管理,2012,(10).

②邢至晖,韩立芬.特色课程:机制与方略[M].上海:华东师范大学出版社,2013.

学术指导源于19世纪末20世纪初的欧美各国，经过100余年的发展，它已成为和教学、管理并重的现代学校三大职能之一，对学生的升留级、心理健康教育和就业问题的抉择等方面起了非常大的作用。又由于高中阶段教育的特殊性，对学生的指导制度显然成为必需。美国的指导制度可分为学习指导、就业指导及跟踪服务、信息服务、治疗与矫正以及磋商性服务。日本的指导也有六个方面内容：学业指导、进路指导、个人适应指导、社会性指导、余暇指导及健康安全指导。相比较而言，我国高中学生指导制度的建设工作刚刚起步，建立比较成熟的学生指导制度有利于学生选择适合自己的课程，有利于学生个性化发展，有利于学校特色课程建设。

所谓潜在课程，是指在课程背后制约这些公共知识的选择、合法化、分配、接受过程的价值、规范、信念的体系。在学校课程建设文化方面，国内的研究明显多于国外。而文化特色如果要归为课程这个方面，它可以归为学校课程的另一方面——隐性课程建设。它既可以是学校特色的内容和表现形式，也可以表现为学校特色培养的氛围与环境。学校文化特色经过学校领导和师生员工的确认后，可以物化在学校的环境（物质层面的文化）教学、课程与教学（行为文化）以及管理（制度文化）过程中。在学校环境方面，国内的研究大部分是结合学校自身发展的历史和规划来表现文化对学校的影响，从而通过此来达到对学校师生身心的一种熏陶。在行为文化方面，国外主要通过人性化的课程选择、课程实施、课程评价来彰显，完全体现了以学生为本的思想。国内在这个方面主要是通过社团、社会实践以及社区服务来表现，在课程建设方面成为活动课程。在管理的制度文化方面，由于中国的办学机制有别于国外，所以在管理特色方面较强调校长的办学理念的指导作用，这也会带来一些负面影响，即一些校长抛开学校的实际，仅以个人理念和喜好主观选择某些特色项目作为本校特色建设的出发点和切入点，造成特色项目选择不严谨，导致特色高中的创建走弯路。此外，从文化引领来创建学校特色方面，也存在着以项目带动学校特色导致文化强校泛滥化倾向。即如何把文化建设（隐性课程）融入到学校整个课程体系上还有待于加强研究。

五、高中特色课程应关注的几个问题

普通高中特色课程建设虽已成为特色高中建设重要的承载点，但实践过程中难免会遇到相关的问题，总结起来有以下几个方面：

(一)高中特色课程的开设目的究竟为何

任何课程的开设都一定有相应的目标，目标决定课程的价值取向。高中特色课程从政策层面上分析，主要还是响应《国家中长期教育改革和发展规划纲要（2010—2020 年）》，力求把高中办出特色。因为特色课程建设是特色高中建设一个重要的承载点。有关高中特色课程目标是否和高中培养目标切合以及是否能以学生发展潜能为高中特色课程目标等问题前文已经阐述，这里不再赘言。

(二)高中特色课程性质上属于哪一类课程

目前我国在课程设置上主要是三级管理，分别是国家课程、地方课程以及校本课程。高中特色课程究竟是这三级课程中的哪一级，目前在理论界大体有两种看法：一种是把高中特色课程看做是地域文化特色的校本课程。有学者认为，"从学校实际出发，或者说从学校所在区域的地方性知识出发是特色课程建设的逻辑起点……地方性知识可以看做是特色课程的一种内在规定性。而特色课程则是地方性知识的载体……"[1]这种观点事实上是把地方课程与校本课程的开发做了一个融合，但它总体上还是把特色课程开发的着力点摆在区域化、本土化上面，力求在课程开发乡土化上找到特色点。这种做法也会遇到一些问题，一是地方性知识作为校本特色课程的开发点，是否就是特色课程的全部？这一点显然存在问题。如果把特色课程开发点仅仅限于地方性知识，未必就能契合我们的教育目标。因为有些传统的地方性知识在当下已经过时，把这种过时的传统引入特色课程的开发，很

---

①邢至晖,韩立芬.特色课程8问[M].上海:华东师范大学出版社,2013:1.

可能造成为了地方特色而特色的做法，从根本上背离课程开发的实际意义。另一方面，仅限于地方性知识的特色课程也窄化了校本课程的内涵，因为并不是校本特色课程只有这样的一个立足点。同时我们还要注意到，在目前我国的三级课程管理模式下，校本课程在学校课程体系中仅占有很小的份额（10%左右）。以此作为高中特色课程的立足点，很有可能导致以偏概全，从而忽视了高中课程中的基础性部分，结果往往是"捡了芝麻，丢了西瓜"，毕竟相对于特色的个性化发展，高中学生在国家必修课程基础性的学习更为重要。

还有另一种观点就是把国家必修课程的特色实施作为特色课程的一部分，统称为课程的特色。石鸥先生把它归之为两类：一类是由于国家课程的内容选择、编排、呈现方式等多已既定，学校主要在实施过程中将其特色化、优质化，如教学方法、教学手段、教学设计模式的特色化与优质化；另一类是指课程的特色组合方案。国家课程和地方课程的特色组合方案，是对既定课程的特色化重建，一定意义上也可视为特色课程。①这样的高中特色课程建设方案，避免了仅从地域性校本课程开发特色课程的弊端，把高中特色课程建立在必修课程与选修课程结合的基础之上，既把握了基础又强化了特色，更能体现高中特色课程开发的意义。从国外的研究来看，一般不单独提及特色课程，特色课程主要是结合在特色学校的创建上来考虑，正如国内的学者所说，特色课程在学生成长过程之中的地位与作用和当前一些发达国家开设的具有多元化、个性化的选修课程有异曲同工之效。②

(三)高中特色课程究竟要"特"在何处

一项关于学校特色规划的问卷调查表明，学校选择"特色课程"占73.5%，选择"教师队伍"的占52.2%，选择"学校文化"占69.9%，选择"学校管理"占62.5%，选择"特色资源"占42.6%。③由此可见，特色课程建设是特色高中建设的重中之重。只不过国内的特

①石鸥.普通高中特色课程开发研究[J].中国教育学刊,2012,(12).

②邢至晖,韩立芬.特色课程8问[M].上海:华东师范大学出版社,2013:33.

③李颖.特色普通高中建设的现状、问题与对策[J].现代教育管理,2012,(01).

色课程研究不仅仅局限于显性课程，还包括学校的隐性课程。国外主要通过学校课程建设加以体现，具体来说，它们的特色可能过多表现在学校课程选择、开发以及实施等方面，就课程谈特色比较普遍。而国内在特色学校建设这个方面，不完全局限于课程建设方面，还涉及学校建设其他各个方面。比如，课程特色、教学特色、管理特色和文化特色等。造成这方面差距的原因可能是我国是课程高度集权的国家，学校在课程建设方面的分权有限，加上高考的制约，真正地形成以自身学校办学特色的课程还欠缺政策的支持，要想形成国外的那种以课程建设来彰显学校特色的办学可能要承担一定的风险。事实上，上述管理、文化特色都可以归为学校课程的另一方面——隐性课程建设，故本研究以为我国的高中特色课程建设完全可以借鉴国外相关好的经验，以选修课程多样性及必修课程层次性体现特色课程开设的意义、内涵及价值。"特"应主要体现在学生个性化发展的需要上，兼顾学校课程发展的追求、教师专业的成长和学校文化与内涵发展的需求。

（四）高中特色课程实施应关注的问题有哪些

从学校课程系统化来考量，任何学校课程都是与学校的教育目标相呼应的。不论这样的目标是为社会、学生还是其他。我国高中培养目标应该是从过去的主要为了升学的精英化高中教育逐步走向升学+职业基础+完整人格的大众化公民教育。课程的体系也从单一的注重学科知识的传授逐步走向课程体系综合化。但综合化并不意味着可以无序化、蔓延化，高中特色课程如何融入到学校教育目标课程体系是我们必须考量的问题。否则，抛开主要的教育目的而片面追求学校的所谓"特色"，到头来很容易落入形式主义的窠臼。

国外的高中一般不提特色课程，除非一些特色学校。发达国家都是自觉把特色课程建设归纳到学校整体课程体系之中。因而，学校也不单独超越学校固有的课程体系来谈特色课程，相关的特色课程往往都在丰富、多样、选择性的选修课程体系中加以彰显。比如，芬兰高中所开设的必修课程、专业课程和应用课程都在300学程以上，政府规定一名普通高中学生要毕业至少完成75个学程的学习，其中包括50左右的必修和10个选修课程，其余为应用课程。[①]但在上述三类课程开设上，并不仅仅在选修课程和应用课程上体现特色，同样在必修课程开设上也是通过课程模块来彰显课程的特色。（相当于国内学者石鸥所说的是国家课程和地方的特色组合方案，是对既定课程的特色化重建。）这种多样性、选择性和个性化的选修课程体系，一方面体现了以人为本的课程设置理念，同时解决了特色课程与学校课程体系相互兼容的关系，无需单独来考量什么样的特色课程才能和学校课程体系兼容的问题，是比较完善的特色课程机制的选择。

从学生的角度来看，有两个难题在国内高中特色课程建设上必须加以关注。其一是相关的特色课程如何评价的问题。国内关于普通高中特色课程建设大体是建立在有关特色高中建设基础之上的，在高中教育总体评价机制——高考制度尚未改变的基础上，高中特色课程的评价机制往往形成了这样的状况，即为了顺应高考的机制，实现普通高中的升学率，一些底子比较薄弱的学校试图通过艺体特色课程的开设来提高艺体考生的高考录取人数，表面上看学校开设艺体特色课程是为了学校特色发展及学生的个性潜能，实质上还是为了一个共同的价值追求——迎合高考机制，提高学校升学率。仅仅是为了这样的追求，高中特色课程的开设只能是以往片面追求升学的精英教育的一种翻版，内涵上没有变化，只是形式上稍作调整而已。这种潜在的高考升学率评价机制制约着普通高中特色课程开设的终极意义，也与课程改革的理念相悖。因为它自始至终都是一考定优劣，不存在所谓的形成性评价的可能。纵然是有些有艺体特长的学生从中获益，但大多数选择这些特色课程的学生往往是文化课相对较弱，不是出于兴趣潜能之倾向而更多的是由于功利。因而，从目前我国普通高中现状来看，必须改变高考一考定终身的评价机制，真正地从形成性角度考量学生

---

①浙江省教育厅赴北欧教育考察团.走进芬兰高中课程改革[J].外国中小学教育,2008,(08).

的综合素质，同时要增加除学科知识以外的职业、品德等方面的评价权重，制定符合中国国情及实际的高考评价方式。没有与高中特色课程配套的评价机制，高中特色课程建设很难从真正意义上深化、推广。

其二是，如果我们借鉴国外的经验，通过高中选修课程建设来彰显高中特色课程建设，除面临上述一样的高考评价制度制约的问题外，还可能涉及学生指导制度的问题。我国的高中学生大都已接近成年，虽然有具备一定的自我意识，但在未来职业的规划、学习兴趣潜能的发掘乃至选修科目的选择上还远没有达到可以完全自己规划的那种水平。这就提出一个学校亟待解决的问题，如何帮助学生选择适合自己的选修科目、安排未来职业规划。现代意义上的学术指导源于19世纪末20世纪初的欧美各国，经过100余年的发展，它已成为和教学、管理并重的现代学校三大职能之一，对学生的升留级、心理健康教育和就业问题的抉择等方面起了非常大的作用。由于高中阶段教育的特殊性，对学生的指导制度显然成为必须。美国的指导制度可分为学习指导、就业指导及跟踪服务、信息服务、治疗与矫正以及磋商性服务。日本的指导也有六个方面内容：学业指导、进路指导、个人适应指导、社会性指导、余暇指导及健康安全指导。相比较而言，我国高中学生指导制度的建设刚刚起步。建立比较成熟的学生指导制度有利于学生选择适合自己的课程，有利于学生个性化发展，有利于学校特色课程建设。完善我国高中学生综合指导制度并与国际高中的接轨，是我国高中特色课程必须面对的课题。

第三章 高中特色课程核心要素

一、个性化的育人目标

(一)个性发展是高中教育的发展目标

教育目标决定课程与教学目标,而课程目标往往又决定课程内容。长期以来,我国高中一直以为升学做准备作为教育目标,这就使得我国高中课程内容陈旧落后,知识技能取向的课程目标由为考试而教的教育价值观所决定。

课程目标决定课程的价值取向。高中特色课程从政策层面上分析,主要还是响应《国家中长期教育改革和发展规划纲要(2010—2020年)》,力求把高中办出特色。但在具体的课程设计上还要依照一定的育人目标,因为有什么样的育人目标就可能有相对应的课程内容。传统的高中课程目标无非就是为社会、为知识,落实到现实中就是就业和升学。这种忽视高中学生个体生命性的教育目标已经被当下很多国家高中课程方案所质疑。随着时代向前发展,社会经济改革的不断深化,学生、家长、社会对教育的诉求是空前的,学生尤其是高中学生对未来发展充满着憧憬和期待。从普通高中特色课程建设问卷调查回收的情况来看,对高中开设特色课程的态度,79.6%教师和71%的学生认为有必要,证明在当下高中课程改革重视选择性和多样性课程的同时,高中特色课程建设能为广大师生所理解接受。48%的教师认为高中特色课程有利于学生个性化发展,71%的学生认为开发高中特色课程有助于学生全方位、多角度的发展。当今社会的工作划分已不再局限在"三百六十行",这样越来越多元的社会所需要的建设者要具备怎样的素养？学生所接受的高中教育能够获得哪些素养的提升？学校课程作为学习生活的主要载体之一，又能为学生提供怎样的学习途径？

约翰·杜威在《民主与教育》一书中指出：当社会中的每一个人都能够按照他的自然禀赋做有益于别人的事情时（或对他所属的整体做出贡献时），社会就能够稳固组织起来；教育的任务就在于发现一个人的禀赋，循序渐进地对之加以训练，使之服务于社会……如果社会是民主的，社会的组织就是建立在个人特殊的和多样的品质的基础之上……教育的目标必须以受教育者本身的行为和需求（包括先天的本能与后天养成的习惯）为依据。[1]《世界全民教育宣言》也向全世界宣称：基础教育的根本目的在于满足儿童基本的学习需要，要求我们尊重学生的经验，把学生从大人世界的控制下彻底解放出来，全面关注学生的发展和个性培养。因而，高中教育从育人的角度，必须克服以往那种为升学和就业的狭隘的观点，从教育的根本目标入手，顺应时代的要求，努力把高中生培养成个性突出、多元、全面发展的社会需要的人才。

(二)特色课程是实现个性发展育人目标的手段

被誉为"推动美国教育改革的首席科学家"的霍华德.加德纳曾把人类的智能最初定为音乐智能、身体-动觉智能、逻辑-数学智能、语言智能、空间智能、人际智能、自我认知智能七种智能。尽管后期在原有智能形式上有所增加，但这一理论所阐述的核心意义就是使人们都认识到每个人的智能结构都是独一无二的。延伸至教育中，这种多元智能理论对传统的统一制式的学校育人方案提出挑战，它更多地要从人的独特性角度去培养人、发展人，更多地在因材施教的基础上制定培养方案。国际21世纪教育委员会给联合国教科文组织的报告《教育——财富蕴藏其中》也强调："扩大了的教育概念应该使每一个人都能发现、发挥和加强自己的创造潜力，也应有助于挖掘出隐藏在每

---

①杜威.民主与教育[M].薛绚,译.南京:译林出版社,2012:90-100.

一个人身上的智慧财富。"①所有这些观点都明确表达出面向知识经济时代，我们的人才观是要实现学生多元化的全面发展，充分开发学生的各种潜能，创造多样化的发展机会，真正做到因材施教，人人得到积极的、最大限度的发展。因而，从学生的个性差异角度考虑，学校提供符合个人需要的多样化特色课程，能够满足学生个性发展的需要，充分体现人性化的育人目标。当然，除此之外，也是在遵循国家新课程面向全国统一规范的前提下，弥补高中各学校在多元化需求和办学的灵活性等方面的不足。这充分体现了"学生本位的价值取向"——为每一个学生提供有助于个性解放和个性成长的经历和经验。

而要实现学生个性化发展的目标，高中特色课程是比较适合的手段。高中特色课程在"特色"上做文章，顺应了不同学生的个性化发展。从学生自身角度，他们可以根据自己所擅长的不同的智能，选择不同特色课程的内容，发展自己的个性并成为社会需要的各种人才。比如韩国弥邹忽外国语高中，弥邹忽是仁川的古称，是海洋和大陆，过去和现实的交错点，也是展开新世界，创造新文化的基地。因为该校是韩国一所外国语学校，主要以培养外国语人才为学校的育人目标，学校学生学习的专业方向主要有四种，即（英语-自由专业）科、（英语-法语）科、（英语-汉语）科和（英语-日语）科。这四类相关专业方向除开辟共同的相关的普通科目、专业课（深化科目）外，还在不同专业方向上根据各自专业特点开设具有特色课程的相关创意活动科目。从2013年弥邹忽外国语高中（英语-汉语）方向的新生教程表中可见一斑：

---

①和学新.促进学生主动发展:课程目标的转型——我国新一轮基础教育课程改革目标解读[J].学科教育,2002,(01).

表4：2013学年度弥邹忽外国语高中（英语—汉语）方向新生教程表

教科领域	科目	运营单位	一年级		二年级		三年级		必须进修单位
			上学期	下学期	上学期	下学期	上学期	下学期	
创意活动	自主学习活动	3	0.5	0.5	0.5	0.5	0.5	0.5	24
	俱乐部活动	4.8	0.8	0.8	0.8	0.8	0.8	0.8	
	志愿者活动	3	0.5	0.5	0.5	0.5	0.5	0.5	
	事业导向活动	13. 2	2.2	2.2	2.2	2.2	2.2	2.2	

　　除了外国语教育专业化的相关特色课程，如英语学术节（包括模拟联合国大会、仁川地区特色高中学术节、参加国际青年学术大赛）、开展外国语文化大会、发行外国语报纸等，各项创意活动也有相关的特色课程体现：

　　自主学习活动主要通过MCH小论文学术大会——选择多样化的主题自主研究，按小组制定mento，本校教师、教授、大学讲演者、其他学校教科书等，并研究论文编辑发刊。还可以开展MCH研讨会，根据学期任务制定相关课程事件，相关主题的演讲会实施邀请知名人士演讲，学社活动工作成果展示。同时MCH Master's Comptition来举行专门化、特色化的竞赛。

　　俱乐部活动该校有七十三个学社，其中学术学社40个，非学术学社 33 个。组织学生在 12 个体育项目上成立了 20 个学生体育俱乐部，包括篮球、羽毛球、乒乓球、福乐球、足球、跳舞、游泳、骑自行车等。这些俱乐部成为学校运动小组，每年都会开展地区体育运动设施灵活使用的活动。

志愿者活动每周六都会在南洞区文化艺术会馆举办话剧教育公演，还参加地区行使同声传译志愿活动（苏来浦口庆典、面条路庆典）。

事业导向活动主要是通过国际理解活动，帮助学生理解不同文化，学习不同语言。如与国外高中的交流，该校与日本 Kamo 高中、新西兰 ACG Senior High School 都有交流计划，学生可以在国外体验时访问一些学校，通过电话交流参加教学以及一对一电子邮件交流。同时还通过举办国际文化理解日来体验中国区域食品文化、日本传统游戏以及美国的开拓精神。通过这些活动体验的特色课程，学生加深了语言学习的兴趣以及对不同文化的理解。

以上弥邹忽外国语高中这些相关的特色课程都是从学生个性化、多样化培养的角度，让学生能选择性的选择适合自己的特色课程来实现个性化发展目标。通过这些特色课程的学习，学生既了解了相关外语国家的文化和生活，也加强了和国外高中学生的交流。同时，志愿者活动锻炼了学生的实践能力、俱乐部活动锻炼了学生的身心和意志、自主性学习活动提高了学生外语学习水平和兴趣。这些系列化的特色课程为弥邹忽外国语高中学生个性化的发展提供了良好的学习平台。

二、学生是高中特色课程的重要资源

要实现高中特色课程有利于学生个性发展，必须以学生发展作为课程开发的基础，从这一角度来思考高中特色课程，要充分考虑学生的因素。课程要体现灵活性和多样性，丰富学生学习经历，所有的特色课程都应立足于学生的个性和整体性，立足于每一个学生的健全发展，指向学校培养目标，即学会做人、学会学习、学会创新，为以后的可持续发展打下扎实的基础。为此可以从以下几个方面来考虑：

（一）学生的生活即为课程

教育家派纳指出，课程不再是静止的"跑道"，课程是成为对个体生活经验的改造和建构，成为自我的"履历情境"，更多的是指"在跑道上奔跑"的历程。[①]

大教育家约翰·杜威也曾说过：生活即发展，而发展与成长即是生活。……学校教育的目的是确保教育延续，方法则是整理能促进成长的种种才能。使受教育者愿意从生活中学习，愿意把生活环境安排成能让人人在生活过程中学习，就是学校教育的最佳成果[②]。唯有尽量利用眼前的生活，才能为学生日后职务做有意义的准备。愈是只有单一面向的生活，就愈不像一个完整的人，也愈像一个怪物。由此杜威倡导"从经验中学习"，这里的经验确切来说就是学生在现实中的生活体验。体验性的课程是实践性、探索性的，它关注的不仅仅是知识的传授和智能的开发，更多是阅历的积累和未知的求索。所以将班级生活、学校活动、传统文化、乡土文化、研究性学习等学生生活纳入到课程开发的视野，成为课程开发的重要资源。课程超越对知识抽象性、普遍性和客观性的偏好，更关注课程中个人的生活经验、存在经验以及个体的人生旅程已成为非制度文本课程开发一个趋向。[③]如韩国大田广域市大田东新科学高中在其"通过充实化体验活动：人性的培养"这一教育目标实施过程中，有一部分课程方案就是"实行分享和关怀的社会活动"，这一部分课程计划如下：

---

①派纳.课程：走向新的身份[M].陈时见,潘康明,译.北京:教育科学出版社,2008:120.

②杜威.民主与教育[M].薛绚,译.南京:译林出版社,2012:45-47.

③杨小微.课程：学生个体精神生命成长的资源[J].华中师范大学学报,2006,(03).

表5：2014年韩国大田东新科学高中"实行分享和关怀的社会活动"课程计划

实行分享和关怀的 社会活动	1.地区社会净化活动 2.学生、父母奉事团组织运营 3.学生服务社团 4.一教一相关联系奉事活动 5.通过义卖帮助不幸的人 6.年末岁初帮助不幸邻里,捐款 7.一起学习的学校(和残疾人一起) 8.积极参与献血活动 9.服务活动和报告书完成指导 10.服务奖授奖 11.退校服

（资料来源于韩国大田东新科学高中2014年《学校教育计划》第30页）

　　由上表我们可以看出，该校在实现学生自我人性培养的教育目标的过程中，主要是通过相关的社会活动课程来完成的，而这些课程本身就是该校就这一教育目标所设计的有特色的高中活动课程，这些特色活动课程本身就来源于学生的日常真实生活，学生也乐于参加这样的课程活动，教育意义自然体现在这些方面，它所关注的是学生日常细小的社会生活。

　　国内的M市外国语学校有些特色课程也是抓住了学生的日常生活来构建课程的内容。该校以每周的升旗仪式为例，为了让更多的学生体会这个过程，学校将每周的升旗仪式开设为校本化特色课程。让每个班级轮流负责每周的升旗仪式。同时高三学生毕业典礼上，成人宣誓带给每个学生的是一份责任与承诺。学校开发这样的特色课程在一个与众不同的日子里，在一段刻骨铭心的记忆中，让学生们成长历程中经历一次文化旅程。这种来源于学生日常校园生活的特色课程既陶冶了高中学生的情操，同时也让学生在这样的课程经验感受中慢慢长大，增添了一份成人的责任和担当，教育的意义不言自明。

(二)学生的兴趣即为课程

　　心理学中有关兴趣的定义有很多种，但大都可以形成如下共识，即兴趣是对某种对象（事物与活动）的心理倾向，它具有内在趋向性和选择性，同时它总是伴随着一定的情绪。德国著名的教育家赫尔巴特也提出了"多方面兴趣"的概念。[①]认为教育教学的首要和必要条件，就是要激发学习者对学习具有的强烈、全面均匀的多方面兴趣。这一理念虽然古老，但并未过时，因为学习者的多方面兴趣可以为其寻求多方面的广博知识奠定基础，也可以促进各种能力的和谐发展，同时多方面的兴趣协调统一也就是知情的交融结合，并且有助于学习者审慎的思考。有助于学生在多样兴趣体验基础上逐步聚焦，促进个性化知识的构成，形成创新素养培育的重要领域。[②]由此看来，学生的兴趣在课程建设过程中还是具有重要的意义的。学生的兴趣一般来说是丰富多样且外显的，包括对学习的兴趣、生活的兴趣、他人的兴趣，高中特色课程建设就是要激发学生对某个领域的兴趣爱好，指向学生已有生活的经验和个性化生活的追求。如韩国大田广域市大田科学英才学校是一所以培养科学人才为特殊目的的高中，为了使学生找到感兴趣和适合自己前途的方向并提高科学研究能力，大田科学高中开设了"科学关联校园活动"的特色课程。诸如：前途体验日子的运营（前途体验的日子每年2次，分别在5月和9月的星期六，这期间邀请学生向往的多领域的科学家演讲，展开个学科前途关联活动）、分享科学的露营活动（一般每年的7月）、实施科学家和学生们的免费科学音乐会以及召开Open学术节（大学、邻近研究院、学生家长参与）和科学展览会、科学探究体验学习等活动。所有这些根据学生兴趣开展的高中特色活动课程一方面体现了科学高中的办学特点，更为重要的是，这些课程满足了学生们的兴趣要求，调动了学生对科学研究的积极性，对科学英才的培养目标起到了很好的促进作用。

（三）学生的个性需求即为课程

人是个性和社会性的对立统一体。每个人都有独特的个性，正如

---

①燕国材.非智力因素与学习[M].上海:上海教育出版社,2006:90.

②唐盛昌.高中改革方向——促进高中生志、趣、能匹配[N].中国教育报,2012-6-1(006).

"世界上没有两片完全相同的树叶"一样，世界上也没有个性完全相同的人。个性使人各具特色，是世界上最美的花朵。进入高中后，学生的价值观初步形成，很快就要结束中学时代生活并面临择业或求学的问题。选择职业，确定未来的生活道路，是高中时期生活中一个重要任务。高中生在毕业前至少要在两种社会定向上做出选择，即继续上学，接受高等教育，或是参加工作，直接就业。而且不论是选择上述哪一条道路，都需要在所学专业或职业种类上做出具体的挑选。大部分的高中生在这一选择过程中体现出了其自主性，他们能对自己的兴趣、能力、适应性等方面做出估价，希望能按照自己的意愿做出自己的选择。因而，大多数特色课程的育人价值主要体现在为学生提供课程选择、丰富学生个性经历、激发学生兴趣与特长等方面。

　　韩国"第7次教育课程改革"旗帜鲜明地提出："考虑学生的能力、个性、发展前途，使教育内容和方法多样化，确立可以使学生根据自身的个性和素质选择教学科目、能自动地自律地学习的以学习者为中心的课程体系"，为此要"建立国民共同基本课程和选修中心课程体系"。其高中主要课程如下表：

表6：韩国高中课程及科目①

科目领域	科目群	具体科目
基础	国语	会话和作文1,会话和作文2,读书和语法1,读书和语法2,文学1,文学2
	数学	数学的应用,数学1,微积分和基础统计,数学2,几何与向量
	英语	英语1,英语2,实用英语会话,英语阅读与作文,英语阅读与作文深化
探究	社会(历史/道德)	韩国地理,世界地理,东亚史,世界史,法律与政治,经济,社会与文化,韩国史 道德:生活和伦理,伦理和思想
	科学	物理1,物理2,化学1,化学2,生命科学1,生命科学2,地球科学1,地球科学2

① 参见崔允漷,冯生尧.谁赢得高中谁就赢得人才[M].上海:华东师范大学出版社,2013:160.

（续　表）

科目领域	科目群	具体科目
体育、艺术	体育	运动和健康生活,体育文化,体育科学
	艺术(音乐/美术)	音乐:音乐实践,音乐和社会,音乐的理解
		美术:美术和生活,美术鉴赏,美术创作
生活、教养	技术、家政/第二外国语/古汉语/教养	技术、家政:农业生命科学,工学技术,家庭科学,创业和经营,海洋科学,信息 二外:德语1,德语2,法语1,法语2,西班牙语1,西班牙语2,中国语1,中国语2,日本语1,日本语2,俄语1,俄语2,阿拉伯语1,阿拉伯语2 古汉语:古汉语1,古汉语2 教养:生活和哲学,生活和逻辑,生活和心理,生活和教育,生活和宗教,生活经济,安全和健康,进路和职业,保健,环境和绿色成长

　　通过表中内容我们可以知晓,韩国正是通过这种多样化、选择性的高中特色课程来实现不同学生的个性需求,真正让学生在学校里能学到自己想要学的。不仅如此,韩国的高中还开设了创意性体验活动课程,目的是为了促进学生参见正规课程以外的体验活动,具体内容分为自律活动和共同体活动、服务活动和进路活动。各个领域的具体的活动内容根据学生、班级、年级及社区的特性,学校可以选择性、融通性运行创意性活动课程。比如韩国大田市黄葳人高中就"自我实践自主学习"这一创意性内容,个性化的增设了整理笔记本学习家活动、图书馆及电脑室开放、大学生指导、同好会运行、情报探索、在线学习、低收入群体网络通讯费支援等相关活动课程。并且在"多种多样符合学生的学习运营课"调查中取得学生、家长及教师的一致好评。见下图

表7：韩国大田黄葳人高中"多种多样符合学生的学习运营课"调查表

满意度 对象	非常一致	一致	基本一致	大体不一致	完全不一致
学生	32	155	593	165	76
家长	84	230	505	136	72
教师	10	33	19	4	0

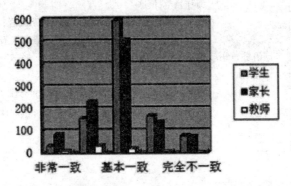

（资料来源于韩国大田黄葳人高中2014年《学校教育计划》第35页）

根据调查数据的图表分析我们可以看到，韩国大田市黄葳人高中根据学生个性开设的相关创意性"自我实践自主学习"的特色活动课程得到了学生、家长和教师的一致认可。由此看来，让高中特色课程适应学生个性发展是特色课程开发的一个重要的目标和方向。

诚如江苏盐城市亭湖高级中学校长殷广平所言：忽略学生个性发展的教育，学校就将会变为一片荒芜的盐碱地。学校的教育要努力搭建文化平台，使每个人都可以找到适合自己的角色，并在自足之余学会欣赏别人。[①]

三、统整性、融合化的课程结构

任何课程都要有一定的课程组织结构，凭借课程结构，课程中的

---

①赵小雅.让每个学生找到适宜的角色——江苏省盐城市亭湖高中办学记[N].中国教育报，2015-1-27(002).

各种要素得以紧密联系，同时，课程的目的也得以实现。课程结构是指课程内容的不同关系，可分为"逻辑结构"和"心理结构"两种，前者指课程内容的不同特质及它们彼此的关系；后者是指课程内容应学习者的因素而构成的关系。组织结构是课程最重要而宏大的组织脉络，它决定了课程的核心组织和编排，并和课程的目标取向有紧密的关系。

国内的学者张华就课程的逻辑结构认为要把学生的经验和生活整体地联系，认为科目之间纵然分开对立，但不能抹杀科目之间内在联系，在某种意义上，各种知识也有一定的联系和一体性。就课程心理结构他认为人的身心是有发展的序列的，因此要重视学术经验的进展性、阶段性、序列性和层次性。

(一)高中特色课程"蔓延"现象

高中特色课程建设问题中不容回避的会遇到课程结构的问题。就学校开发的高中校本特色课程来看，由于这类课程有较大创新余地且形式多样，可能会出现"课程蔓延"的状况。

2003年，教育部颁布了《普通高中课程改革方案（实验）》，正式启动高中课程改革。新的高中课程结构上学习领域、科目和模块是三个组成部分，力图构建基础性和灵活性的课程结构。本次高中课程改革课程结构最突出的特点就是选择性，选修课虽只需28个学分，但设计的选修课模块非常多，仅选修课I系列就有100多个，再加上选修II系列的模块，其总数大大超过必修模块的总数。很多高中学校为了体现特色化办学的需要，在选修课上下足了功夫，力图通过选修课程的校本化来体现高中课程的特色化，以至于高中课程科目数量和序列上出现"蔓延"的现象。

同时，派纳提出课程不再是"跑道"，而是"跑的过程和经验"，"一种内心的旅行"以来，[①]后现代课程观打破了现代性课程静止的观念，建立了一种过程的、流变的课程观。诚然，这种课程观念有其积

---

①汪霞.课程研究:现代与后现代[M].上海:上海科技教育出版社,2003:62、150、262.

极的意义，但在实际运用过程中也造成一些难以克服的困境，如，因规避"课程即跑道"这种现代性课程确定性的观念，课程组织刻意追求不确定性、丰富性，导致课程的容量急剧扩展，甚至出现课程蔓延的现象。

"蔓延"在《现代汉语词典》中的解释是"连绵不断"。[①]笔者认为，对"课程蔓延"可以从两个方面来着眼，一是课程数量扩展，囊括各个领域；二是课程结构不再寻求以往的系统性，课程目标指向性不明确。2012年，在广西师范大学召开的第三届中欧基础教育课程论坛上，北京市第四中学的校长刘长铭就这一现象作了《防止课程建设的误区》的主题发言，[②]就社会各界（社会名人、专家、行政官员、人大代表及政协委员等）呼吁增加中小学课程内容作了较为详细的介绍，刘长铭校长的报告让与会代表切实地感受到课程盲目扩展正在走向一个"蔓延"的误区。

1.课程蔓延之原因

课程内容的丰富多样本身不是坏事，但如果一味地为了丰富而丰富，势必造成课程的蔓延，造成这种现象的原因可能主要有以下几个方面。

（1）把课程的丰富性等同于课程的不确定性，取代了课程内容的选择性。后现代课程观的代表人物多尔在他的《后现代课程观》中明确提出后现代课程应该具有丰富性的特征，即"课程应具有适量的不确定性、异常性、无效性、模糊性、不平衡性、耗散性与生动的经验"。[③]在这里，丰富性是有其内涵的设定的。一是丰富性被加上了"适量"的限定，也就是说，丰富不是没有边缘限制的，不是什么内容都可以挤占课程内容的空间；二是这里的丰富不是仅指课程内容的数量，还可能指课程的多层诠释、意义和问题群。而不确定性是课程张力的一种表现，通常指的是如何达到既使课程能激发创造性，同时

---

① 中国社会科学院语言研究所词典编辑室.现代汉语词典[M].北京:商务印书馆,2008:916.

② 该内容来源于2012年第三届中欧基础教育论坛刘长铭校长报告:防止课程建设的误区.

③ 多尔.后现代课程观[M].王红宇,译.北京:教育科学出版社,2000:250.

又不会失去形式或形态上的"适量"的无法事先确定性。由此看来，课程的不确定性显然不能和课程的丰富性画等号。

虽然全球的文化形式多种多样，教育和课程也屡有变化，但它们仍然是以某种同位结构的确定性方式实现。世界各国在教学科目的设置和课时分配上渐趋一致，课程的内容及组织形式呈相对稳定之势。学校课程是提供历史上积累起来的知识和概念的途径，后现代课程观强调课程的丰富性，并不是要替代现代教育知识组织和知识基础，而是认为知识内容应该得到发展，强调知识联系的新的形式。但在课程实施的现实中，有些人往往把课程数量上的不确定等同于课程的丰富性，很多教育部门盲目而简单地增加课程内容，以至于诸如廉政、新能源、地方戏、中医、循环经济等都进入课程领域，而且这样的扩展有增无减，课程蔓延的态势越演越烈。殊不知，这种仅凭教育部门在课程数量增加上体现的丰富性，本身就是对后现代课程观的误解。课程的不确定性并不表示课程内容的无选择性。

（2）把课程的开放性等同于课程的无序性，取代课程的系统性、条理性。后现代课程观认为，封闭系统作为现代主义范式的发展，它"只交换能量但不交换物质"，[①]这样只能形成传递和转移，而开放系统则要求转变。开放性的课程打破了传统课程的系统性、条理性，代之为复杂的、整体性的课程体系。这里的开放性，笔者以为可以理解为对两方面开放，一是对课程内容的开放，不再是现代主义所认为的部分的核心课程，取而代之的是"舞蹈型"课程，是一种交互作用的结果。二是对学习者开放，学习者不再是被动的接受者，更是自组织的一种内在的变化。这种开放性课程和传统课程的系统性是相背离的，原因是现代性观念下的课程传统理念是线性的、逻辑的课程结构，课程内容往往有相对的起点和终点，而开放的课程内容体系相对稳定性将被打破，课程的系统性、条理性受到质疑。同时，内容的开放也必将导致学习者的年龄、心理特征不再是课程内容考虑的主要因素，当前有些模块化选修课程已出现课程内容条块分割、缺少联系的

[①]多尔.后现代课程观[M].王红宇，译.北京:教育科学出版社,2000:77.

状况。但没有知识的系统性、脱离实际，以及缺乏一定价值观念的课程是不可想象的，"未来课程必须是一种系统，尽管是一种新型开放系统"。①课程模块化需要克服目前制度下的分离、片段化、刻板以及低期望状况。同时，也需要制定一种面向所有14岁以上学生的范围较广的核心课程。这或许能成为克服16岁以上学生课程不连续性以及目前对其缺乏核心要求这一问题的一种框架基础。

课程的开放性并不是要取代传统课程中相对稳定的课程组织结构，创造出什么新的知识点，更重要的是建立知识之间的联系性。其原因是学校不可能在有限的时间、空间里把所有课程资源都作为选择的对象，课程的内容必然是有类别、年龄段的选择。同时，知识的构建是建立在相应的基础之上的，无论是自然科学还是社会科学，都有相对比较稳定的知识体系，那种以课程的开放性来取代课程内容的系统性、条理性的做法，必然导致课程的盲目蔓延，造成课程的大而化之，缺少深度，无益于学生的学习。因而，系统的、条理性的课程内容组织是有其历史性和合理性的。

2.课程蔓延值得商榷之处

从理论的角度来分析，课程蔓延有以下几方面值得商榷：

首先，从知识分类的角度来看，有选择的分科型课程貌似有悖于后现代的丰富性，但却有其合理性。自17世纪中期以来，以分科型知识系统为主编制成的学校课程，沿用至今已有三百余年的历史。分科型知识系统在学校课程中占据着主导地位。诚然，分科型知识系统的学校课程受近代科学主义的影响，忽视知识本身的统一性、学科之间的密切关联性，有一定的局限性。但分科型的学校课程也有自身的优势，原因在于影响学校课程的因素有多种，学科、社会、学习者都可以成为相关课程的决定因素，但如果面面俱到，学校在有限的时空内完全实现这些不同的课程目标显然是不可能的，所以，分科型课程本身确有其合理性。同时，学校科目可以是知识体系、知识自身及其概念需要学习。像学术学科一样，学校科目有两种主要优点：它们既是

---

① 扬.未来课程[M].谢维和，王晓阳等，译.上海：华东师范大学出版社：2003:101.

知识体系，又是探究的方法。

因此，课程蔓延如果仅从丰富性这个角度而否定分科型课程的选择性、系统性，进而走全然的不确定性，这样的课程看似博大，其实不利于学校的教育目标实现。而且，每个学科自身也不是杂乱无序的，知识的构建是建立在相应基础之上的，无论是自然科学还是社会科学，都有相对比较稳定的知识体系，没有相关的知识的积累，贸然地想达到知识的创新是不太可能的。

其次，从心理学的角度来研究，心理学有关课程内容的选择性和课程编排的条理性是对课程的基本要求。心理学历来对学校课程具有重大影响，心理学史是探讨学习活动、学习内容和学习方法的基础，因而被作为各种课程抉择的依据。总的来说，在课程内容的选择和组织方面，心理学通常被认为是最有用的。

一方面，课程编制者在选择课程内容时，不仅要系统地考虑知识的难易程度，而且应该思考这些知识对学生思考能力所提出的挑战的程度。"一位优良的课程专家不但要能决定教材的难易程度，同时也要能分析思考历程的高低层次。"[1]维果斯基的"最近发展区"以及奥苏贝尔的"有意义学习"都可以为此提供很好的佐证。最近发展区(ZPD)概念告诉我们，在选择课程内容时，要介于儿童可见的现实能力和并非显而易见的潜在能力之间，以便于发挥教学对学生发展的主导作用。有意义学习是通过新信息与学生认知结构中已有的有关观念的相互作用才得以发生的，它要求在选择课程内容时，要考虑学生自身的知识储备。选择同时必然是有序的，因为选择的最终目的是为了重组，建立系统化的知识体系。

另一方面，除了课程内容选择要考虑心理学的因素以外，合理地安排选择的内容也要考虑心理学的因素。皮亚杰认为，思维或智慧的发展史是整个心理发展的核心，其发展阶段最主要的特点是：阶段出现的先后顺序固定不变，每一阶段都有其独特的格式或认知结构，即感知—动作、前运算、具体运算、形式运算。四个阶段由低到高逐步

---

[1]黄炳煌.课程理论之基础[M].台北:文景出版社,1991:11.

形成人的思维发展过程。这样看来，在选择课程内容的同时要考虑到学生的年龄段问题，不是杂乱无序地丰富了课程的内容就能满足学生的发展，而是要考虑到不同年龄段的孩子对课程学习的兴趣、方式乃至基础，只有这样的课程才是适合学生的课程，才能起到教育孩子的作用。

怀特海说："我们的教育质量必须要适应学生智力发展节奏的相应阶段。课程设置的问题不仅仅是一系列科目，所有的科目本质上都应该在智力发展的萌芽阶段开始。真正重要的顺序是教育过程中应该认定的性质的顺序。"[①]这应该是对课程内容选择性和顺序性的最好的验证。

3.解决"课程蔓延"的对策

要解决好当下课程蔓延的现状，应从以下几方面着手：

（1）正确理解课程丰富性的内涵，避免课程内容盲目扩展。如前文所说，后现代课程观有关课程的丰富性实际上有两个方面的意义，一是丰富性被加上了"适量"的限定，丰富不是没有边缘限制的，不是什么内容都可以挤占课程的空间；二是这里的丰富不是仅仅指课程内容的数量，可能还可以指课程的多层诠释、意义和问题群。针对第一条，我们应该把握，所谓的丰富性不完全指数量的漫无边际，数量上的扩展虽然带来了课程相对的不确定性，但同时也会产生负面的效应。因为学校的课程实施的空间毕竟有限，在有限的时间、空间里想要囊括所有的课程内容势必会造成学校课程内容的无选择性，而这种无选择性的结果也注定会形成教育目标的虚无化，因为无论什么样的课程内容，只要从不同的角度来看可能都会具有一定的教育意义。因而，在理解后现代课程观课程丰富性意义的同时也要把握住课程内容的可选择性。要避免课程蔓延导致课程内容碎片化的现象，需要建立一致性的课程大纲、计划等以促进学习连续性的建立。

从第二个角度来理解课程的丰富性，可以狭义地理解为课程实施中多层诠释、意义和问题群，但必须注意课程的丰富性的理解要受到

---

①怀特海.教育的目的[M].庄莲平,王立中,译.上海:文汇出版社,2012:2.

内容的具体化、时代化以及学习者认识程度的限制。当下的课程教学过程中，为了寻求课程理解的丰富性，增加课程的动态性，充分调动学生自组织系统的自我调节功能，课程内容的生成性似乎已成为必然。甚至出现了为了生成而生成，把原本一个好端端的课堂教学活动弄得混乱不堪。诚然，这种不确定的课程实施过程有其合理的一面，也在一定程度上打破了现代教学的追求稳定性、少活力的现象，但不稳定性的张力是否一定就带来课程的活力？生成性是否一定就是课程实施的必然选择？这些都值得思考。这种注重生成性的"实践的课程"否定课程的外在现实性，过分强调师生的主观目的与行为，似乎他们实施的课程并不具有外部的现实性，把课程孤立地定位在师生的实践中，必然会形成不能理解组织课程的独特方式以及它是历史和现实的产物，也会造成教师对他们权力、自主权的错觉，认为他们是独立于更广阔的情境之中。这种建构主义有关知识的观点在课程实施的微观层面上只能导致相对主义和所有判断的任意性。

因而，只注重课程数量上的扩展，会造成蜻蜓点水式的课程学习，学到的只是一点皮毛，形成毫不相干的知识的被动接受，不能激起任何思想的火花。大而全的课程内容未必就一定能带来学生智慧的形成，还可能增添学生的负担；而少而精的课程内容却有利于学生对所学的知识进行自由的想象和组合，进而通过这些所学的知识去认识世界，实现智力的终极目标——智慧的形成。

（2）扬弃现代课程的理念，保留相关有意义的观念。现代的课程理念的确有一些相对落后的观念，比如视课程为跑道，忽视了课程实践中人的主观能动性，导致课程的固化、僵化。然而，现代的课程理念也并非一无是处，至少课程领域里还没有发现一种放之四海而皆准的课程观。所以，尽管后现代课程研究是建立在对现代课程的反思和超越之上的，它反省、批判现代理性对课程建设造成的负面影响和结果，提出了一些颇有建设性的课程理念，但也不能否认后现代课程理念自身也有不足。

现代课程观中有关课程内容组织的逻辑顺序和心理顺序有其存在

的合理性，尤其在当下课程蔓延的状态下，这样的理念尤其需要保持。所谓逻辑顺序是指按照学科本身的系统和内在联系来组织课程内容。学科体系是客观事物的发展和内在联系的反映，通过学习科学的学科体系，可以使学生了解自然界和人类社会的发展过程。并且，学科各部分之间有着内在的逻辑关系，某一部分内容总是以另一部分内容为基础，同时也必然成为其他部分内容的基础，一门学科本身就是一个概念体系。逻辑顺序看似与后现代课程观的扰动性相背离，但没有这样的一种宽松的秩序，它们只不过是一堆混杂的、毫无联系的扰动，对谁都没有用。

所谓心理顺序则是按照学生的心理发展特点来组织课程内容。课程内容是为学生安排的，如果不符合学生的认知特点，学生就难以接受，那么再科学的内容也是无效的。不同年龄段的孩子在认知上有不同的特点，如果不考虑这些现实的状况，一味地只是考虑增加课程的容量，势必造成蔓延的课程不符合相关年龄段学生的现象，看似内容丰富却难以形成良好的效果，因为适合学生的课程才是最好的课程。不符合学生的认知特点，即便再丰富、再优秀的课程也不能达到理想的效果，甚至适得其反，给学生带来负担。

怀特海把智力发展过程分为三个阶段：浪漫阶段、精确阶段以及综合运用阶段。浪漫阶段是孩子对事实直接认知阶段，知识不受系统程序的支配。进入精确阶段，怀特海认为不能仅仅停留在从浪漫阶段获取的事实。浪漫阶段的事实揭示了可能具有广泛意义的种种概念，而在精确阶段，我们按照条理化、系统化的方式，获得其他一些事实，从而对浪漫阶段的一般事实作出揭示和分析。这恰好验证了由低年龄段至高年龄段，不同的孩子对课程内容安排的逻辑顺序和心理顺序的要求是不一样的。

（3）辩证地看待"非线性思维"与"自组织"理论。后现代课程之所以对现代课程理念提出挑战，很大程度上取决于后现代课程理论信奉的"非线性思维"和"自组织"理论。

线性思维是人类常用的一种思维方式，它的主要特点在于沿着一定的线型或类线型的轨迹寻求问题的解决方案。但随着现代科学的发展，人们逐步认识到，人类面临的主要问题是复杂性、非线性的，因而线性思维渐成落伍之势，取而代之的是非线性思维成为主流。非线性思维主要反对线性思维的两个方面，一是把整体看作其部分之和；二是单线条的因果逻辑关系。运用到课程领域自然就会形成反对分科教学选择性的课程观念，反对课程所谓的有序而主张课程的扰动。

事实上，课程的丰富性未必就要反对课程的选择性，否则课程蔓延只会成为必然。前文已述，分科教学有其合理性的一面，而且分科的目的也不是以此来奠定课程的整体，更谈不上代表课程的全部内容。分科教学顺应的是知识的系统化以及内容的选择性，更何况学校空间有限，学生在校学习时间有限，不采取一定的选择性，盲目扩充课程内容，未必能形成良好的学习效果，甚至会出现什么都学了却什么都不精的状况。

同时，选择和有序相辅相成。扰动的目的是促成课程内容的协商，并不必然导致课程编排上的无序。那种所谓的"蝴蝶效应"——以一点变化带动全局的改变，在课程学习领域里似乎人文学科还有可能，而理科学习几乎不可能。因为理科学习的知识内容往往是环环相扣，没有前期的知识积累，很难妄想有质的飞跃。所以，课程内容的有序性不仅仅是学科内容逻辑顺序的必然，也顺应了学生的学习心理顺序，满足了不同年龄段孩子的认知特点。

另一方面，自组织系统可以定义为无需外界特定指令而能自行组织、自行创生、自行演化，能够自主地从无序走向有序，形成有结构的系统。按照此理论，似乎课程蔓延有自我协同的能力，无需考虑它内在的选择性及有序性，其实不然。

首先，任何课程都会受到外界力量的影响，无论是社会、学生还是学科内容，不受外界影响的课程现实中是不存在的。因而，从这个角度来看，课程不属于完全的自组织系统，必然会受到外界影响来选择、调整。

其次，从学生的角度来看，学生作为个体似乎有着自己的主观能动性，能自主地协调自己的学习行为，符合自组织系统理论。但仔细分析我们可以发现，学生的在校学习并不完全等同于自学，如果真的如自组织理论那样完全寄希望于学生自主调节、自我选择学习课程内容，那么当下的学校和教师就会失去存在的意义。诚然，学生作为学习的主体，其能动性不容忽视，但我们决不能以此来消解学校和教师的引导作用。学校课程选择应倡导学生进行自我选择，如今很多西方国家开设的数目众多的选修课程可以说就是这方面的体现，但在学生自我选择的同时还需要学校和教师必要的引导，一味地放任自流形成不了良好的课程意义。西方尤其是美国在后义务教育模块化的经验形成一定的标准，就是如果课程多由学习者选择的话，就会导致学习的零碎化，限制学生的智力发展。

怀特海针对这一现象提出两条戒律："一是不要同时教授太多科目；二是如果要教，就一定要教得透彻。"①这是对"课程蔓延"的一剂良药。一方面，大而全的课程内容未必能促进学生智慧的发展，可能反而会给学生增添负担；而少而精的课程内容却可以让他们对所学的东西进行自由的想象和组合，进而利用这些所学的知识去认识世界，实现智力的终极目标——智慧的形成。另一方面，组织这些课程内容，需要在学生年龄特征、学科知识内在联系上考虑课程内容的"蔓延"，不能操之过急。学科的内在联系便于形成学科体系，它是客观事物的发展和内在联系的反映。形成学科体系的课程内容，可以使学生了解自然界和人类社会的发展过程，便于整体把握课程的内容，循序渐进、由易到难地掌握学科内容。同时，课程内容安排要符合学生的认知特点，否则再科学的内容也会无效。课程内容系统化、课程内容安排的逻辑顺序与学生心理顺序的统一是解决课程蔓延必须要考虑的内容。

(二)统整性、融合化的高中特色课程

正是由于现实中高中特色课程建设中出现的课程门类过多，课程

---

① 怀特海.教育的目的[M].庄莲平,王立中,译.上海:文汇出版社,2012:37.

系统性不强等一些问题，所以，在高中特色课程如何更好地融入学校课程体系这一问题上，本研究提倡统整性、融合化的高中特色课程体系。

其实这一要求也是我国课程改革的现实需要。2001年，国家颁布的《基础教育课程改革纲要（试行）》，指出基础教育改革的具体目标之一是："改变课程结构过于强调学科本位，门类过多和缺乏整合的现状，使课程结构具有均衡性、综合性和选择性"。[①]将综合课程列入国家正式课程，并且积极倡导各地选择综合课程。

1.统整课程的发展

统整课程有一个相当长的发展历史，其哲学与心理学的基础可以追溯到1895年赫尔巴特提出的统觉论上。赫尔巴特认为心灵是一个统一体，首先讨论到统整的概念。后来其弟子组成赫尔巴特学社，倡导围绕"文化阶段"以联系分立的科目，使学校教育的顺序与文明发展的顺序相符。这一时期统整课程本质上是知识的统整，强调以道德知识或历史知识等为核心，把一切相关科目加以逻辑关联。进入20世纪30年代，以杜威为代表的进步主义盛行，主张在组织课程时应同时考虑儿童经验与社会议题，将起点与终点联系起来，让儿童"从做中学"，这一时期的统整课程有了快速发展。同时，受进步主义教育思潮的影响，学校教育不再只注重学术性课程，而且增加了职业准备、公民训练等比较使用的课程。但随之而来的布鲁纳《教育过程》强调学科结构的思想，统整课程淡出人们的视线。20世纪八九十年代，由于课程内容的不断增加，导致当时的课程太过拥挤、零碎、重复，同时社会上要求增加的课程范围又很多，在有限的教学时间内，所需教授的东西大多成为当时课程改革急需改善的问题。通过课程统整，既可以解决教育时间安排的问题，也可以减少相对臃肿及重复的压力。而且统整课程是从学生生活入手，进行主题教学，与学生的生活关系较密切，应能增强学生的学习兴趣，加之脑科学研究和学习理论如建构主义为统整课程的发展提供了理论基础。因此，20世纪80年代起，

---

①钟启群,崔允漷,张华.基础教育课程改革纲要(试行)解读[M].上海:华东师范大学出版社,2001:4.

统整课程又成为课程改革的一个热点。进入21世纪，在强调标准化的学术成就测试、回复基础的声浪中，统整课程也遭到一些挫折，出现了"钟摆现象"。[①]但在统整课程的发展历史中，这一现象本身就反映了人们在课程方面的三个取向——学生、社会与知识三者之间不断寻求的一种平衡。

2.高中特色课程统整的模式

针对高中特色课程建设中存在的"课程蔓延"现象，有必要就现行的相关特色课程进行相应的统整，以期待对门类繁杂的特色课程进行"瘦身"，更好地融入到学校一体化的课程之中，真正让特色课程"特而不杂、特而不乱"，起到全面发展学生个性的作用。

有鉴于高中特色课程的三个重要资源，我们可以从知识、经验和社会三个角度分析高中特色课程统整的模式：

（1）知识统整。所谓知识统整可以理解为把与主题有关的知识进行有机的联系，这样的统整课程往往都有重要的主题，通过提供学生统整知识的学习经验，从主题学习运用的相关知识去认识主题的资源和工具。主题课程的知识统整，首先要进行目标分析和整合，形成科学、系统的主题课程目标框架，再将课程内容进行合并，保留经典的，统整割裂的、重叠的内容，形成系统的主题课程。高中特色课程知识统整不能简单理解为理科综合或文科综合，可以增强学校课程内容之间的联系，甚至可以适当提倡模糊学科界限，重视综合课程的开设。比如研究性学习这样的活动课程不仅可以拓展学生的视野，完成学习的目标，也可以跳出学科本位的束缚，综合性考量学生学习知识的能力。但需注意的是，知识统整并不反对学科知识，学科知识不是统整的"敌人"，课程统整不能流于浅薄，它应是一种创造与提高思考层次的过程。

（2）经验统整。课程经验统整者认为学科本位知识课程脱离了学生生活，和学生生活经验处于不同的世界之中。因而他们比较关注如何在课程中激发学生的学习兴趣。帕克认为，好的课程就应关注学生

兴趣，激发学生的求知欲。提出以学生自我活动为中心进行课程设计。高中特色课程关乎经验统整的课程可以体现在以下几个方面：

其一是生活经验课程的统整。杜威曾提出教育即生活的观点，认为不能脱离环境，学校也不能脱离眼前的生活。因而，教育的开展及过程就是眼前生活的本身，而不是为未来生活做准备，学校教育应该利用现有的生活情境作为其主要内容，而不是对由既有的科学知识组成的文理科目的系统的学习。但问题是，高中生的生活如此丰富，到底开设什么样的特色生活课程才能切合学生的实际？选择哪些课程内容才能有助于高中生形成正确的人格并适应未来社会生活的要求？"生活"其实就是生存、活动之意，广义的生活包括日常生活各种行为，以及各种价值和伦理等课题的总和。《辞海》及《辞源》中表述的生活，其实就是生存、境况、生计、工作、手艺，以及一切日常生活相关的衣、食、住、行、育、乐等总称。生活课程强调的是生活上的学习，以生活为中心，将社会、自然与生活科技、艺术与人文等三大领域统整成为"生活领域"。学生的生活领域包括家庭生活、社会适应、人际关系、个人保健、环境生态、休闲游憩等等，这些领域通过相关的课程模块加以体现，并在特色课程建设的实践过程中整合、融合，形成一系列的高中特色课程生活课程模块。如韩国大田广域市大田东新科学高中，为了实现其办学目标之一的"体验和实践中心人性教育"（强化民主市民教育、活化学校体育、艺术教育、扩展创意.人性.体验教育、建成幸福安全校园），通过一系列生活指导、民主教育、社会活动、身心体验、商谈活动、班级经营等相关特色活动课程的统整，形成了具有自己特色的高中课程方案。见下表：

表8：通过充实化体验活动的人性培养

类型	实施事项
人格具备的学生教育生活指导	1.记录生活指导 2.早上上课指导(礼仪、服装、迟到) 3.守护学习地方活动强化 4.通讯器材使用及强化礼节教育 5.报恩信访写作(教师、父母) 6.模范学生表彰 7.学校暴力预防 8.暴力对策自治委员会实施 9.问候礼仪指导 10.守护天使实施 11.吸烟预防及禁烟教育 12. 给朋友写信
自律和责任具备的民主教育	1.民主的学生自治活动组织运营 2.收集学生意见,制定生活规则 3.自律秩序维持活动 4.学校活动和学生意见反映 5.干部学生体验活动 6.自治活动充实化 7.体验活动、秩序教育 8.垃圾分类教育实施 9.实施清扫责任制
实行分享和关怀的社会活动	1.地区社会净化活动 2.学生父母奉献团组织运营 3.一机关一教育联系奉献活动 4.通过义卖帮助不幸的人 5.年末岁初帮助不幸邻里,捐款 6.一起学习的学校(和残疾人一起) 7.积极参与献血活动 8.服务活动和报告书完成指导 9.服务奖授奖 10.退校服

(续　表)

类型	实施事项
身心学习感受的体验活动	1.地区社会机关活动 2.主题探究体验活动 3.有主题的体验旅行(教学旅行) 4.教科关联体验学习 5.体验活动报告书授奖 6.国外科学体验研究(修)
冷静的头脑温暖的心:生动的活动(综合艺术节)	1.实行社团发表会 2.按社团、组、报告书展示 3.社团作品展示会 4.按班级每日展示 5.各种教育活动结果展示 6.学生特长展示
父母的心,朋友的心,关于未来关于苦恼分享的商谈活动	1.Wee教室班级运营 2.实行专适性检查 3.进学商谈问题活用 4.自适前途主题体验 5.专门商谈教师活用 6.集团商谈 7.每周学生父母商谈 8.照顾、叫醒学生指导 9.危机学生商谈指导
用我们的颜色给我们班上色:班级经营	1.实行班级经营目标管理制 2.班级运营费活用 3.按班级特长表演(庆典活动) 4.按班级实施有特色的郊游 5.按班级美化环境 6.按班级清单运营 7.班级特色事业运营

(资料来源于韩国大田东新科学高中2014年《学校教育计划》第30-31页)

从上表可以看出，为了实现学校育人目标——"人性培养"，学校从学生实际生活的角度，开发了7个模块的体验活动课程（生活指导、民主教育、社会活动、体验活动、生动的活动、商谈活动、班级经营），每个模块的课程又从学生的日常生活中设置相应的有教育意义的课程内容，如礼仪服装、自律自治、社区服务、国外体验、社团艺术节、各种商谈以及班级日常管理等等。通过这些详细的特色活动课程的实施，潜移默化地影响学生的健全人格，形成了关心爱护、民主协商、团结进取、感恩包容等健康人性的培养。这7个模块的每个特色活动课程，都是经过大田东新科技高中认真细致的整合而形成的一体化的统整课程。

其二是兴趣、个性经验课程的统整。高中特色课程的另一个重要来源就是学生的兴趣。高中学生按照年龄来看，基本上已经达到人的心智成熟的阶段，这个阶段的学生有自己的主张且愿意为自己的兴趣理想付诸努力。韩国大田东新科技高中通过建立"教育福祉实现培育健康人"目标，来统整相关的相关特色课程。见下表：

表9：通过教育福祉培育健康人

目标	相关内容	时间	对象	担当部门
搞活发展学生的特长、个性、兴趣等社团活动	①活用创意体验时间,组织兴趣小组活动	全年	全校学生	学生
	②组织自律兴趣小组活动	全年	1,2年级	指导教师
	③运营兴趣小组活动室	10月	全校学生	指导教师
	④兴趣小组体验活动	全年	兴趣小组	指导教师
	⑤实施特长、个性教育	全年	相关学生	学历
	⑥支援课题探索活动	全年	相关学生	研究
	⑦充实特殊班级的体验活动	全年	特殊班级	特殊

（资料来源于韩国大田东新科学高中2014年《学校教育计划》第34页）

就第一项"活用创意体验时间，组织兴趣小组活动"。该校就通过相关学生社团的活动来实现学生对话、写作能力的提升。该校相关的学生社团有学生记者团（学校相关信息消息记事和编辑）、自由式社团（广告计划书能力拓展专门社团）、BS（启发讨论社）、Debate3（与别的学校联合讨论比赛社）、树梢（文学讨论社）等五个，通过相关社团兴趣小组的活动课程，诸如主办民主市民作文大会、人才计划方案大会、读书感想问征招大会、文学庆典、科学随笔大会以及学生发表活动来促进学生对话和写作能力的培养。

有什么样的兴趣就可能有什么样的个性，个性决定兴趣，同时兴趣也会影响个性。针对不同个性的高中学生，开设具有个性化的选修课已经成为共识。韩国大田科学高中在这方面做得比较成功。鉴于学校的性质，该校主要是以培养科学人才为方向，所以招收的学生大部分都对科学感兴趣且在理工科方向有着各自的特长。如何既考虑学生的个性又兼顾学校的性质来开设相关特色课程是一个必须面对的难题。该校在建立"创新型数学科学人才集中教育"的目标同时，依据该项目标开设了一系列相关的特色课程门类，见下表：

表10：通过自律、创新教育、学历提升培育计划

课程目标	课程内容
创新型数学科学人才集中教育	科学重点过程运营
	数学科学探究社团运营
	数学、科学比赛
	科学体验活动
	考试实习为中心的科学课
	科学考试实习报告书制作指导
	科学比赛、竞猜、讨论、发明大会
	科学露营运营
	邀请演讲

（资料来源于韩国大田东新科学高中2014年《学校教育计划》第33页）

这些颇具特色的课程开设，既有利于学生对理科课程兴趣的培养，同时也有利于学生科学思维的提升。统整课程的目的就是要使得高中特色课程服从于学校的办学目标，服务于学生的个性发展，服务于学校的特色教育，并能有效地融合在学校整体课程框架之中，协调与其他课程之间的关系，发挥学校课程体系的整体价值。

值得注意的是，不能把上述知识统整和经验统整课程摆在非此即彼的两元对立角度加以考察，这样会割裂知识和经验两者的关系，使知识与学习经验的联系停留在常识层面，错误地认为学科知识与学习经验的整合必将以活动为载体来表现，并通过直接经验的形式突出整合的立场。

（3）社会统整。课程改革实质是权力和文化的分配活动，课程不是孤立的，而是体现支配群体和从属群体之间的内部不断斗争。[1]当今社会飞速发展，高中阶段教育承担着义务教育阶段后更高层次基础教育的任务，同时也要为高等教育输送高质量人才，为社会各行业输送高水平的劳动力。社会对个体进入劳动力市场、参与社会活动提出新的要求，而这些要求其实就是社会统整课程的依据。就高中特色课程建设而言，使高中教育面向社会合理分流，做好学生未来职业规划指导课程当然成为社会统整优先考虑的主题。现代社会的劳动者不仅仅需要简单的体力或者简单培训方式就业的人群，它需要的是适应劳动市场不断变化，有高就业能力的劳动者，具体包括求学能力、求职能力、保职能力和适应市场变化能力。目前我国部分高中学校已经建立了以生活指导、学业指导和生涯指导为基础的高中指导课程，这方面吉林省长春市实验中学职业生涯规划教育做得比较成功。该校以"发现自我、唤醒潜能、科学规划、助力成长"为核心，开发《高中生职业规划手册》教材，确立规划课"八大课型"，分阶段、多模式引导高中生走上生涯规划之路，为高中生结合社会需求和个性发展提供了良好的生涯指导平台。[2]

四、多样化高中特色课程的实施

课程实施就是把新的课程计划付诸实践的过程，也可以说是把书

①吴永军.论新课改的可为与不可为[J].教育研究与实验,2010,(05).

②赵峡.高中生涯规划教育的先锋探索——吉林省长春市实验中学职业生涯规划教育纪实[N].中国教育报,2015-3-4(008).

面的课程方案转化为具体的教学实践的过程。这一过程如同剧本转化为演出，是一个动态的需要调整、修改和补充的过程。本研究按照这一定义，从宏观的高中特色课程方案的实施以及微观的教师具体课堂和教学实践两个方面来阐明高中特色课程实施。这也比较符合学者石鸥给高中特色课程的分类，即除了校本特色课程之外，在现实的课程实施中还存在的课程的特色（国家课程特色化实施）以及特色组合方案（某一学科国家必修课程采取的分阶段、多层次模块设定选修学分，不同的学生按照不同需求选择学习的进度和难度），前者基本属于微观层面的高中特色课程实施，而后者则属于宏观层面的。

(一)宏观层面的高中特色课程实施——特色组合方案

普通高中学校按照国家高中课程方案规定开设课程，但基于办学的特色追求它可以对这些课程进行重组和改造。这是针对高中课程结构进行实质性的多样化、可选择化改造，不仅允许学生选择不同的课程，而且在学习程度上也可不尽相同。多样化高中课程是选择性的基础，而选择性又是不同学生的个性的体现和需求。实施好多样化、选择性的选修课程方案，本身就是要创新的，本身是对既定课程的特色化重建，一定意义上也可视为特色课程。

课程多样性是选择性的基础和条件，只有实现了多样化，才能有选择的可能。多样化的目的是为了选择，如果没有选择的机制和空间，课程多样化也就失去了必要性和应有的作用。从某个意义上说，课程结构要能真正面向每个学生的发展，学生就必须要有自主选择的权利，有可选择的课程。多样化是达致课程选择性的前提和条件，没有多样化就不可能有选择性。[1]二者实际上是一个问题的两个方面——只有保证基础的扎实、牢固，课程的多样性和选择性才能来得有效、才不至于流于形式；而多样性、选择性本身是课程的基础性的内在要求。

上海育才中学从1998年开始酝酿课程改革方案，直至2009年，学

---

[1]段兆兵.我国基础教育课程多样化问题研究[D].西北师范大学博士论文,2006.

校特色课程体系经历了初创、调整和再造三个阶段，最终形成以课程内容、课程水平和课程休息期限的多样性和可选择性，适应学生发展的个性化需求。具体内容如图1：

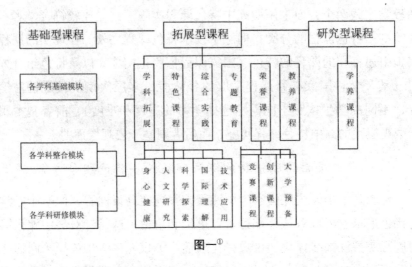

图一①

根据上图我们可知，基础型课程是学生知识、机能和身心可持续发展的共同基石，由各学习领域体现共同基础要求的学科课程组成，是全体学生必修的课程。

拓展型课程由限定拓展课程和自主拓展课程两个部分组成：限定拓展课程主要由学校文化活动与班团活动、社团活动、社会实践等各类活动，国家规定的各类专题教育组成以及教养课程组成，是全体学生限定选择修习的课程。其中，教养课程的主要内容包括人际规范教育、志愿者活动、文明寝室和温馨教室的创建、爱心基金募捐活动等，旨在使学生养成良好的礼仪习惯，懂得关心和感恩，成为有教养和责任感的公民。自主拓展课程主要由学科拓展课程、特色课程、荣誉课程组成，是学生自主选择修习的课程。其中学科拓展课程以基础型课程延伸的学科课程内容为主，主要是基础知识、基本技能的融会贯通和综合运用，或新情境下的问题解决。特色课程是指学校开发的5大校本课程中的各种课程。主要分类如下：

---

①参见陈青云.段力佩与育才中学[M].上海:上海教育出版社,2013:109.

表11：育才中学特色课程的分类及目标定位①

课程群	目标定位	课程列举
身心修炼	养成健全人格和健康体魄,积极向上的生活态度 学会悦纳自己的身份和社会地位 善于控制自己的情绪,学会自我认识评价 塑造健康的个人形象 学会规划自己的人生 勇于面对挫折和困难	超越IQ 个人生涯规划 预备心理师 演讲辩论与口才 社交与礼仪
人文研究	树立正确的世界观、人生观和价值观,确立正确的道德认知与政治立场 养成良好的伦理道德、社会责任、公民素养和民主素养 学会协调、沟通和合作,积极主动地参与集体和公共事务 增强对国家、民族认同、归属感 培养同情心、责任感、人文素养和忧患意识,懂得关怀弱势群体和人类自身命运	人文社会研究 西方哲学史 中国古代神话研究 历史文化之谜 汉字探秘 企业管理入门
科学探索	培养学生的科学素养和信息素养 掌握科学实验的方法,培养信息搜索、筛选、整理和概括的能力 培养清晰的逻辑思维和准确的书面、口头表达能力 善于发现问题、分析问题和解决问题 培养学生敢于质疑、独立思考、探究的能力,形成健康的怀疑批评态度	植物组织培养 机器人实验 化学与环境 天文观测 城市轨道交通概论
国际理解	具有良好的国民心态和涵养,具备全球视野和世界眼光 主动关注国际社会和世界事务,关注全球社会未来的发展前途和状况 能公正客观地对待和尊重世界各国、各地区、各民族的文化传统,主动汲取人类创造的优秀文明成果 积极、平和、理性参与国际活动和国际竞争,懂得尊重、理解与宽容	跨文化交流 英语国家文化 文化的冲突与融合 韩国语基础 日语基础 法语与法国文化
技术应用	掌握终身受用的学习和生活技能 学会多种计算机应用软件,熟练运用各类网络资源 养成良好的网络道德	数字影视制作 网络实用技术与故障排除实验 视频特效制作

①参见陈青云.段力佩与育才中学[M].上海:上海教育出版社,2013:10.

　　除此以外，荣誉课程由大学预备课程、学科竞赛课程和创新课程组成，是为资优学生搭建的学习平台。而研究型课程由运用研究性学习方式进行的各类学习活动构成，学养课程主要内容包括经典阅读、真知育才讲座、项目设计、课题研究等，旨在培养学生的阅读习惯、学习兴趣和思考能力。育才中学一方面通过这些静态的多样化课程为学生特色发展打下基础，另一方面，在动态的课程实施中，保证其灵活性，充分体现学生的主体地位。主要表现在每个学生都有一张适合自己的课表。即每个学生学什么、怎么学都可以按照学生自己的个性需求来加以实施，课程的特色方案表现得淋漓尽致。在育才中学新的课程体系中，学生对课程的接收方式是以"学程"形式呈现的，学校根据学生学习规律、学科内在结构的特点，将每学期灵活划分成若干个学习阶段，称之为"学程"。该校设计每学年6个学程，每学期3个学程，高一、高二两个学年，共计12个学程。一个学程的教学时间基本为6周，其操作的基本要点是：一个学程完成若干门学科各一个模块的学习；不同的学科设计不同的学程数；若干不同的学科在同一学程中课时数相同。"学程"的设置，可以提高课程内容的适切性，将原本分散在几个学期学习的课程设置相对集中，提高学生学习的效率与学习积极性。学生可以自主选择思想政治、历史、地理、生物、信息科技等学科课程的学习时间，从而减少并行学科"精力分散"的状况，大大减轻学生过重的学业负担和心理负担，提高学习效率。同时，学生也可以根据自己的兴趣和时间，自主安排、自主选择适合自己的学习内容。

　　育才中学这种高选择性的课程，使学生成为学习的主人，真正做到了"我的课表我做主"。学生依据自己的兴趣、爱好、特点以及学校提供的课程信息，选择要学习的课程，确定学习的基本进程，并由此形成个人的学习规划，这样学生也可以明确个人的生涯规划并掌握生涯规划的能力和技巧，找到学习的动力。这种高选择性、高自主性的课程实施方案无疑是高中特色课程中特色化实施的一种好的方案。

(二)微观层面的高中特色课程实施——教师特色课堂

课程的实施过程是每个教师职业生涯的组成部分，教师常常在课程实施之中得到锻炼与发展。以往的制度化课程的体制要求课程的实施过程是一个忠实性贯彻课程标准的过程，因而教师被看成是课程实施过程中的一个"中介者"，他必须认真规范地执行自上而下的课程方案。这样一个机制导致只重视教学却忽视了课程，综观我国的教学论历史，一直是把教学当做重中之重，什么"有教无类""教无定法""教学相长"等，以教学论取代了课程论。这样的一种局面，也必然使得教师只能依猫画虎，照葫芦画瓢，教师对课程实施过程中的创生、参与不感兴趣，完成课程标准的教学任务成为教师们的首要之选。事不关己，高高挂起；只管执行，不要开发。很多学者认为这是由于教师害怕承担课改的风险甚至以为教师的课程实施能力不足，因而提出教师个人课程、教师专业学习共同体的解决方法。诚然这些方法有一定的意义，但要改变长期形成的教师只是课程实施"中介者"的习惯，恐怕还要从观念上让教师自己感觉到自身就是课程的开发者、参与者。

高中特色课程实施事实上就是把特色课程的课程设计与课程规划落实到具体的教育教学实践中的过程，这一过程中离不开教师的参与，教师当然要发挥主导作用。教师既是开发特色课程的主力军，也是引领学生走进特色课程的引路人。教师在特色课程实施的过程中就是要通过一定的方法、途径策略，把那些有特点、有个性、有魅力、有教育价值的课程传递给学生，将特色课程所追求的价值传播给学生。高中特色课程的实施有别于一般性的课程教学，可以说，这些特色课程的实施策略、教学方式方法在遵循教学基本规律的前提下，紧紧围绕特色课程目标展开课程实施过程，其教学策略也凸显特色课程个性化的一面，在形式上略显特别。

1.依据学生的兴趣来实施特色课程教学

学生的兴趣是特色课程开发的一个重要依据，高中特色课程建设只有建立在学生的兴趣之上，才能真正做到让学生喜欢，满足学生个性发展。当今社会，信息量大，学生接受来自各方面的渠道信息的能力比较强，民主协商的意识也比较浓厚。如果教师在课程实施过程中完全依赖传统的灌输方式，可能很难引起现在高中生的兴趣。那么，如何依据学生的兴趣来实施特色课程就是一个亟待解决的问题。这个过程中"沙龙"课程实施就是一个新的方式。"沙龙"一词最早源于意大利单词"Salotto"，经过一系列演变，成为人们谈论艺术、谈论生活的交谈与聊天的活动。本研究调研的 M 市外国语学校，在外语组老师的精心策划下，"趣味英语沙龙"活动课程在该校得到开展。首期"英语沙龙"的主讲 Nancy 老师给大家介绍了英语国家文化知识————英国下午茶，接着，她教大家如何作自我介绍（Self-introduction）以及如何问路(Asking for the way)。参加学习的有学校领导、老师和高中学子，大家兴趣盎然，认真地练习语音、语调，在情境中模仿。同学们也积极参与，作为陪练，纠正发音，解释疑难，现场学习气氛浓厚，这里没有传统课堂的正式，也没有语言学习的急功近利，有的是轻松活泼的氛围和真心想学习的愿望。沙龙活动结束后，大家意犹未尽，纷纷在学校"英语学习"群里继续探讨。这种"文化沙龙"模式可以作为特色课程的一种特殊教学方法，比较适合"小班化"教学，也适合学生自主选课的"走班学习"和人文特色课程的实施。课堂"沙龙"，不是"闲聊"，师生的想法有机会流露，师生的思想得到碰撞，学生喜欢，也利于师生共同交流对话。

2.依据教师的个性来实施特色课程教学

每个教师都有自身的特点和个性，无论是教学经验丰富的老教师还是新入讲坛的新手，他们内在个性的不同可能就会形成不同的教学风格。有风格的教师都是卓越的表达艺术家，他们不拘泥于已定的表达方式，总是创造适合自己、属于自己的表达。[①]现实中，有的教师喜欢严谨，有的教师喜欢生动，有的循循善诱，还有的则温文尔雅。不同的教师个性不同就会形成不同的特色课程教学方式。M 市外国语

①李如密,黄慧丽.教师教学风格对学生的影响机制探析[J].上海教育科研,2013,(05).

学校在2014年举办的"特色马外、多维课堂"的主题教学研究周活动中，该校数学组三位教师呈现了三节风格各异的数学课堂。G老师通过圣诞节礼物开始自然引入三元一次方程组，带领学生从"一元一次方程，二元一次方程"的定义类比归纳"三元一次方程组"的定义，接着让学生从原有的解二元一次方程组的知识结构中类比探究三元一次方程组的方法，过程循序渐进、循循善诱，结果水到渠成。整个学习的过程，学生们热情高涨，主动思考，乐于和大家分享学习的发现。可以说G老师的特色在于他的智慧；另一位S老师则以"空间思维能力的培养"为主题展示了数学课程另一特色。S老师先设计了几组游戏，让学生通过画图、剪纸、粘贴这样的操作，得到一个个的立体图，让学生充分体验过了由平面图形到立体图形的形成过程，整节课学生兴趣盎然，可以说是一节有着崭新探索模式的新课；最后一位Y老师则展示了《轴对称图形》，课堂上老师通过让学生观察图片，发现生活中诸多对称美，然后激发学生去探究对称美、创造美，充分体现了生活中处处都有数学美，我们应该去享受这种数学美。调动了学生热爱数学、感受自然美的情趣。不同个性的教师根据自己的个性来实施特色课程教学，既有利于教师展示自己的个性，特色化地实施相关的课程；也便于学生在学习的过程中发现不同的学习方法，引起学生学习课程的兴趣。

3.依据教学内容实施特色课程教学

不同的教学内容可以采用不同的教学方法，有些特色课程内容实施过程中师生对教学内容可任意进行探究性学习和探究性教学，教师遵循以学生为主题、引导学生自主、合作、探究的教学原则，为学生创设较为宽松、民主的探究学习环境，充分发挥学生实践探索的积极性和创造性。其实从基本的含义上讲，探究的目的是获得知识、真理，探究的途径或方法是搜寻、调查、研究、检验。为了准确、深入地理解和把握探究的本质。

M市A大学附属中学Z老师针对高中地理课程标准"人口与城市"一节，把地理知识和地理实践相结合，让学生学习了一节有特色的"活"的地理课。首先他明确了这节"城市化"课的重点就是了解城市化的进程以及城市化对地理环境的影响。在具体的课堂教学中，他通过让学生观看《民工潮》片段、课件展示长江三角洲的城市发展，并类比展示上海市1911、1949、1990城市用地图。在此基础上，提出三个思考问题让学生交流，分别是上海市城市用地扩展图与长江三角洲地区的城市发展图反映了什么现象？什么是城市化？城市化的基本特征有哪些？然后结合本地区南京城市用地变化，让学生继续交流土地为什么会发生如此大变化？城市化动力因素有哪些？并进一步阐明特大城市、大城市、中等城市、小城市依据什么划分。从而得出相应城市化进程中明显变化的结论：城市人口增加、用地规模扩大、城市人口比重上升。给出相关城市化数据，并引导学生自己动手设计城市化表格来了解城市化的阶段和特点。

表12：不同时期城市化表格

阶段	水平	地域扩张趋势	常见问题
初期阶段			
中期阶段			
后期阶段			

最后教师提供图片，伦敦1801、1851、1981年城市扩张与上海1911、1949、1990年城市扩张，再要求学生用所学的知识解释这种现象。

Z老师整节地理课上都是以学生为中心，给出相关的学习材料并让学生交流参与来解决现实的问题，通过这些问题的发现和解决，学生的探究学习能力得到明显提升。

五、特色化的课程评价

（一）高中特色课程评价的内容

当前，学校课程评价已成为人们共同关注的社会热点之一，因为课程评价不单是学校的事情，同时还与每个学生、甚至学生家庭有着直接关系，更是教师无法回避的话题。

高中特色课程评价的内容涉及方方面面，纵的方向来看，包括校本特色课程开发情境和目标定位的评价、校本特色课程方案的可行性评价、校本特色课程实施过程的评价以及对校本特色课程实施效果进行评价；横向上看它可以包括对课程方案本身的评价和教师课堂教学评价以及学生学业成就评定。[①]本节重点研究高中特色课程课堂教学评价以及学生学业成就评定两个部分。

(二)高中特色课程课堂教学评价

由于高中特色课程及实施有其独特的价值取向，学生选择和经历特色课程，学生的主体性被放在最鲜明、最首要的位置，它需要在自由民主的课堂环境中，放飞思想、自主体验、大胆创新、超越自我。实施特色课程的评价环节也应以此为指导，同样需要充分尊重学生的自主评价和主动参与。其评价思想与当下流行的"个性解放"课程评价有着较大的相似之处。所谓"个性解放"课程评价主要是一种质性的评价方式，它反对量化的评价方法，认为科学的范式不仅仅指自然科学，人本主义范式同样也是科学范式的一种。因而，它把评价的过程视为评价者与被评价者（学生）通过协商进行的共同心理建构的过程。它一改以往评价的单一性、终极性，使得评价成为一种主体参与、民主协商的参与过程。被评价者也是评价参与者，也是评价的主体。价值多元、尊重差异就成为个性解放的课程评价的基本特性。就高中特色课程教学实践来看，结合高中特色课程属性，其评价方式应该也是多维的，比较常见的有：

1.多元选择评价

这里的"多元"可以从两个角度去理解，一是从评价的参与对象来看，这个多元可以指的是多元主体参与，教师、学生是高中特色课程课堂教学的主体，作为课程实践的参与者和受益者，他们在评价的

①邢至晖,韩立芬.特色课程开发的7项核心技术[M].上海:华东师范大学出版社,2013:145.

过程中有着不可替代的作用，应该是课程评价的中坚力量和主力军。同时，课程评价专家、学校特色课程负责人、学生家长以及社区代表都可以参与相关课程实践的评价，这样的多元主体的参与，有利于特色课程在实践的过程中不断改进，也有利于多元主体主动参与、自我反思、自我成长。M市外国语学校所组织的"特色马外、多维课堂"其实就是高中特色课堂教学多元评价主体的一个很好的尝试。在近两个星期的开放教学周活动中，参与的对象除本校合适学生外，还有本地区各相关学科的教师、教科院研究人员、家长乃至学校校长。其次，这里的"多元"还可以指多元价值取向的方法。以往的课堂教学往往关注的是知识的传授，评价的结果也是终极性的"得分评价"，重视各学科考试成绩，重视存储式的知识学习。多元选择课堂教学评价对学生评定不再采取标准化的方式，而是充分赋权于学生，提高多种课程评价方式让学生从中选择，如自评、互评、接受教师、家长评判等。评价的内容也有多种，不再局限于知识的存储方式的学习，而是更多的关注学力评价，发展性评价，跟多关注学习的过程方法以及情感态度价值观等内容。

2.师生协商评价机制

"协商"是发表个人见解，提出具体想法和诉求，力求得到他人同意和认可。在特色课程实施过程中打破多年来教师评定学生的习惯，学生在课程评价中能有自己的想法，能说出自己的想法。学生参与评价不是一般意义的自我评价，而是与评价者（同学、教师）充当课程评价的主体，避免了传统课程评价中单方面视学生为被评价主体的做法，通过参与"协商"，将评价主体与个体发展有机结合在一起。比如传统的语文作文教学，往往是教师通过布置作文、批改作文、评讲作文来进行作文课堂教学，协商式的评价方式引进，教师完全可以依托计算机多媒体方式让学生完成作文的同时进行现场评价，学生可以通过联机的方式来和教师一同就相关范文进行交流、协商，发现作文中可能存在的好的方面和不足之处，通过师生对相关作文的互评，了解本次作文教学的重点难点，取长补短，互相进步。这种协商式的评价方式既培养学会民主协商的意识，同时也利于学生合作意识的养成。

3.主体体验的评价

由于在高中特色课程开发依据中十分注重学生的个性发展，因而，特色课程在设计上就非常注重学生的主体体验，其终极的教育目的就是促成人的自然性、社会性、自主性的健全发展。体验课程之体验是根植于人的精神世界，着眼于自我、自然、社会之整体有机统一的人的"超越经验"。体验超越都是特色课程实施所追求的主要价值，学生有了兴趣，就会有进一步体验的欲望，体验是学生自主参与课程学习与评价的过程，探究学习与合作学习则是学生"体验"的载体，学生的兴趣在体验中得到强化，智慧在体验中得到发展，学生在体验与创造中进一步认同自己的实践能力与创新才华。比如，安徽省M市D县二中为了让对口支援的新疆班同学感受来内地的第一个汉族春节的文化氛围，在新疆班学生来学校的第一个春节期间，设计了一整套的地域特色文化课程，在农历腊月二十七，组织学生上街购物、逛街，感受春节气氛；除夕组织学生吃团圆饭，观看央视的春节联欢晚会；大年初一举办师生联欢会；初三、初五参观M市博物馆、雨山湖公园、动物园以及D县经济开发区并到长江岸边远足，晚上还举行趣味活动—猜灯谜。通过一系列的体验文化课程开设，使得新疆班的学子们既感受到汉族春节的文化气息，又在欢度春节的氛围中了解了汉族文化，增加了师生的情谊，增强了维吾尔族和汉族的文化认同感。学生在亲身感受和体验的过程中，得到了真实的文化体验。维吾尔族学生阿尔·祖古丽·奥斯曼对年夜饭的印象最为深刻，她不仅感受到当地习俗年夜饭十大碗菜肴的丰富、可口，也通过学校给他们发放的一百元压岁钱感受到祖国大家庭的温暖。孩子们还自己给自己的宿舍贴上春联，春联的内容或许正是这些体验课程效果的评价："昆仑山大青山山山相连，塔里木河姑溪河河河相通"。

4.人文激励评价

拓展学生视野、丰富学生经历是特色课程的育人功能之一。这个过程能否激起学生参与课程学习的热情，不是通过简单考试就能实现的。它需要通过来自老师、同学甚至家人富有人性化的鼓励和期待，点燃学生的热情。高中特色课程评价需要体现对人的终极关怀的评价思想。这里的人文激励不能仅仅理解为简单的赞赏学生，更重要的是通过心与心的交流，让学生感受到课程的意义，感受到课程对自己成长的需要，从而让学生真正地喜欢相应的特色课程，自觉融入到特色课程建设中去，配合特色课程的有效实施。M市D县二中新疆班的"家访课程"是这方面良好的创举。教育离不开学校、社会以及学生的家庭，也离不开学校老师与学生家长及学生真诚的交流。然而事实情况，新疆班的学生大部分来自于新疆皮山县，离M市相距千里。为了进一步了解学生情况，也为了更好地与学生家长沟通，为日后教育教学做好铺垫，D县二中利用新疆班学生暑假第一次回家这个契机，学校安排新疆班两位班主任及学校相关领导全程护送学生返疆并做好"家访"课程。经过从南京至乌鲁木齐，再穿过塔克拉玛干沙漠，到达和田，再转车至皮山县城，旅途劳顿，但在艰辛和遥远的返乡途中，新疆班的学生与学校的老师建立了深厚的情谊。同时，到达目的地后，通过对每位学生家庭的走访，使家长们更多地了解了学校的办学特色，了解了学生在一年离家至内地学习成长的进步。学生家长田子奇的母亲不无感慨地说道：以前自己的孩子由于各方面的原因，学习不太好，各方面的习惯也比较差，而到了D县二中后，学校的老师们没有看不起他们，满腔热情、充满爱心地教育和关心他们。自己的孩子通过这一年的学习不仅学会了如何学习，更学会了如何做人。孩子在D县二中学习和生活，找回了自尊，找回了自我，恢复了自信。学生努比奴尔·艾尼作为学生更是庆幸自己来到内地D县二中学习，她说感觉到自己正在逐渐长大、成熟，会继续努力学习，争取学有所成，回报党和政府，回报家乡父母，回报学校。短短六天，通过走访24位学生家庭进行"家访课程"，激励了80位新疆班学子，让他们的父母和家乡的教育界领导分享了他们成长的进步，拉近了学生家长、学生以及学校之间的距离，加深了学校对这些少数民族孩子的了解，也为学校以后的教育和指导找到了直接的依据。同时，这些孩子们也通过这样的特色课程，分享了自己成长的快乐，加强了和老师、家长的交流，学会了感恩和回报。许多孩子再见到父母的那一刻留下了激动的泪水并真诚地感激学校对他们的无微不至的关心和照顾。人文激励的方式真正地走进教育者和被教育者的心灵，它的功效是任何量化考试都不能实现的。

(三)高中特色课程学业成就评价

1.高中特色课程评价体系有利于完善现有评价系统,改变"一考定终身"的弊端

随着我国高中教育普及化、大众化，现行的高考评价制度逐步显示出弊端，如不利于大多数学生的个性化发展，扼杀了部分学生的潜能。高中特色课程建设正是为学生个性化、多样化发展而建立起来的一种新的课程理念，如果不改变现行的高考评价方式，高中特色课程建设必然受制于高考制度。本研究在M市实施的普通高中特色课程调查问卷中就普通高中高考评价的相关问题在教师和学生群体中做了调研，得出的相关数据是，63%的高中教师认为需要改革现行的高考评价制度，40.3%的学生建议完善高考制度，全面实施以专业为基础的高考招生制度，进一步与高中必修、选修课程专业性接轨，25.3%的学生和28.6%的教师支持增强校内评价的权重。

2014年国务院下发《国务院关于深化考试招生制度改革的实施意见》（国发〔2014〕35号），指出坚持育人为本，遵循教育规律。把促进学生健康成长成才作为改革的出发点和落脚点，扭转片面应试教育倾向。并提出综合素质评价主要反映学生德、智、体、美全面发展情况，是学生毕业和升学的重要参考。要求建立规范的学生综合素质档案，客观记录学生成长过程中的突出表现，注重社会责任感、创新精神和实践能力，主要包括学生思想品德、学业水平、身心健康、兴趣特长、社会实践等内容。探索基于统一高考和高中学业水平考试成绩、参考综合素质评价的多元录取机制。随后，教育部分别发布了

《教育部关于普通高中学业水平考试的实施意见》（教基二[2014]10号）和《教育部关于加强和改进普通高中学生综合素质评价的意见》（教基二[2014]11号）两个文件，主要是坚持全面考核、坚持自主选择、促进学生发展学科兴趣与个性特长、为每个学生提供更多的选择机会。并细化评价内容，诸如思想品德、学业水平、身心健康、艺术素养、社会实践等五个方面。上海、浙江随后分别出台了高考改革方案，其中上海明确规定综合素质评价内容主要包括：学生思想品德发展状况、中华优秀传统文化素养、修习课程及其学业成绩、创新精神与实践能力、身心健康信息、兴趣爱好与个人特长等。

要实现新的评价机制的形成，全面而多角度地完成对一个合格高中毕业生的评价，真正改变"一考定终身"的片面的评价体系，高中特色课程无疑是最好的途径。因为如果要涉及思想品德、学业水平、身心健康、兴趣特长、社会实践等内容只有通过建立较为完整的高中特色课程才可能在实践中得以体现。

当然，评价的改革不是要探究让人人都适合某一种评价，而是要探究某一种评价应如何改造才能适合于不同的人。应该在倡导淡化应试竞争的前提下改造考试评价制度，使之最大限度与素质教育结合起来。①

2.韩国高中特色课程学业成就评价的借鉴

韩国是一个非常重视教育的国家，目前，其大学入学率85%。高考一直是韩国政府和社会各界极为关注的话题，从1945年到2007年的60多年里，韩国共进行了7次教育课程改革，大学招生制度也随之进行了13次改革，几乎每次政府换届都要针对高考出台新的方针和政策，其间又对这些高考制度进行了大大小小数十次的修改。

韩国现行的大学招生制度是在2008年度高考制度的基础上进行部分修改，并辅以"大学入学查定官制"形成的。韩国的高考制度其实走过一个发展过程，由最初的大学单考招生——大学升学预备或升学考试与高中内审制并行——大学能力考试、学校生活记录簿、大学单

①杨启亮.走出课程评价改革的两难困境[J].教育研究,2005,(09).

考（论述）——大学能力考试、学校生活记录簿、论述、推荐信、面试并行。韩国高中特色课程学业评价一般在高考内审制这样的制度上得到体现。为了反映高中学生全面发展、个性发展的特点，韩国逐步提高了高中内审制的分支比率，用综合生活记录簿的方式取代了内审成绩，综合生活记录簿不仅记录了考生在高中学习的各科成绩，而且记录了各种社会义务活动、资格证、获奖经历及品行等情况。从而使高中生的学业成绩不仅仅是通过高考成绩来评价。2004年，韩国人力资源部公布《关于实现学校教育良性发展的2008年度大学招生制度改善方案》进一步指出提高学生生活记录簿在招生中的反应比重，并对其成绩采取相对评价方式。用9个等级制按比例区分学生生活记录簿，以解决因绝对评价方式而出现的虚假成绩问题。并要求各个学校在记录簿上认真记录学生的各种活动，以作为遴选的依据。

2009年底，韩国教科部对第七次教育课程改革重新修订，将原来的高中阶段的教学科目归纳为"基础类""探究类""文体类""生活教养类"等4个类型，其中后三个类型便于高中生学业评价与特色课程直接发生关系。同时要求高中学校需要在学生生活记录簿上认真记录学生在课外活动、德智体等方面有何特长等，为此，高中学校要展开各种有特色的课程、活动等，提高学校的主动性。为了鼓励高中开展这些教育课程，大学也要努力提高生活记录簿在招生中的反映比重。

为了落实高中学业成绩评价的公平性，韩国借鉴美国等西方高等教育发达国家的模式，在大学自主招生中引入入学查定官制。该制度是美国于20世纪20年代率先采用的，与以往过于注重高考成绩的招生方式相比，入学查定官制更注重考查学生的耐力、创造力、潜在能力和个人综合素质。这些查定官是各大学以自身特性选拔人才为出发点而招聘任用的，主要职责就包括审查和评价各种人才选拔材料，判断报名者是否具备入学资格。按照大学的招生录取考试方法和人才选拔的考查侧重点，查定官要对申请入学的高中毕业生能否入学进行判断和最终决定，不只负责对自主招生计划范围内的学生资格进行审查，必要时也会参与到其他类型的招生环节。此外根据每个大学实际情况的不同，还要负责开发招生录取考试方法，或对已经入学的大学新生进行入学后的学业指导、管理、检测工作，帮助大学新生尽快完成角色转变，适应新的学习环境，调整学习方法。入学查定官制有利于审查学生学籍档案的公平性，有利于使高中生生活记录簿客观有效，为全面而有效的评价高中学生学业成绩打下了良好的基础。

第四章 高中特色课程开发步骤

课程的开发涉及开发的途径、愿景、开发之前的规划、所涉及的机构人员及参与情况等等。综观高中特色课程开发的实践，可以归纳为以下几个核心步骤：

一、课程背景分析

高中特色课程开发首先就要分析学校的背景状况，大体上来看，学校的背景分析可以分为内部环境分析和外部环境分析。通常情况下，学校内部环境包括学生情况、教师情况、学校课程现状、人文环境和历史传统等等。

学生是学校课程开展首先要考虑的要素。高中特色课程的开发本身就是为了满足学生的多样化、个性化，只有切实地了解学生，才能保证学校课程活动的针对性和适应性。学生情况分析大体包括：学校学生人数、家庭背景，学生知识、能力、情感、兴趣等基本情况。

同时，高中特色课程开发离不开教师的参与，特色课程的实施也需要教师实际操作。学校在开发特色课程之前，要对学校教师群体基本情况有所了解。诸如教师学历、职称结构、工作负荷、学术专长、科研成就等。同时，教师自身的性格、认知风格、价值观、情感态度及合作态度也是分析的范畴，便于日后特色课程实施中的师资问题能有效解决。

学校课程的现有结构的分析指的是对学校现有课程结构的总体把握。虽然也包括国家课程特色化的实施，但总体上高中特色课程定位于地方课程与校本课程区间，因而，有必要对学校现有课程体系做一个分析，了解相关的地方课程和校本课程的门类及数量，了解这些特色课程有没有优化的可能，以及相关的国家课程特色化实施开展到哪一步，这些都是高中特色课程开发的重要依据。

学校的人文环境也是特色课程开发的一个重要组成部分，这里的人文环境包括学校的历史传统、校风建设乃至师生关系。从大的方面来说，这些都是潜在特色课程的重要资源，是学校潜在课程的重要体现。从小的方面来看，也便于了解学校的优势，为开发高中特色课程打下良好的基础。

学校的外部环境包括时代发展的潮流、地域文化、社区资源以及政府政策和家长的支持。

在时代发展的大背景下，社会政治经济文化意识形态发生变迁，现代社会全球化、信息化推动学校课程变革，高中特色课程的开发离不开社会发展对高中人才培养改革的影响。

地域通常指的是学校所处的地理环境有哪些优势的地方资源、人力资源、环境资源和生活资源，广义的地域应该包括社区。高中特色课程定位在地方课程与校本课程领域，地域中物质精神文化、活动文化以及相关人力优势资源甚至包括自然资源都是高中特色课程建设的重要源泉。

了解分析以上的背景因素，一般可以采用SWOT分析态势，即找出学校的强项（Strengths）和不足（Weakness），从而发现高中特色课程开发的机遇（Oppottunities），克服现有的危机（Threats）。[1]如M市A大学附属中学从1996年开始就开始创办艺术特色教育，历经十多年的发展，学校的艺术教育、体育和科技创新教育都得到了较好的发展。依托学校这些背景，该校开发出一系列围绕艺术、体育和科技的高中特色课程，诸如陶艺课程、击剑课程、机器人等校本特色课程，取得了可喜的成果，培养了一大批特色人才。

---

[1]邢至晖,韩立芬.特色课程开发的7项核心技术[M].上海:华东师范大学出版社,2013:1.

二、课程愿景构建

学校的课程愿景是根据学校现状对学校课程未来发展的一种有远见的预设或期待，是在对学校背景因素进行SWOT分析的基础上加以提炼整合而成的。学校课程愿景不是校长、教师或学生的个人愿景，它其实是整个学校组织发展的共同愿景。[①]

构建学校的课程愿景是一项复杂的活动，需要考虑学校组织、成员、外部环境等多方面的影响因素并辅以系统性的进展程序。一般情况下，学校课程愿景是汇集学校组织成员的个人愿景而形成的，它需要考虑以下因素：

（一）鼓励个人愿景，相互沟通协作

高中特色课程课程愿景应该建立在个人愿景的基础之上。就特色课程建设的目标来看，它事实上是给师生双方提供了一个个性化、多样化的发展平台，课程的目标若真正在课程建设中形成有效反映，首先必须考虑师生的个人愿景。个人愿景是从自己的价值观、自己内心深处发出的，是自己描绘出来并想要实现的，所以它可以真正激发一个人的工作、学习动力。因此，要想使学校全体成员有共同的课程愿景，全身心地加入到高中特色课程建设中来，鼓励组织中成员建立个人课程愿景十分必要。这个过程，学校可以组织相关人员进行深度会谈，了解并尊重个人课程愿景和对学校共同课程愿景的看法。相互沟通协作是个人愿景转化为共同愿景的必经过程。在深度会谈中，各个相关利益主体从自身的角度对个人、学校的课程愿景各抒己见，有可能会出现意见相悖的状况，这就需要各方协商，综合各方意见，最终选取大家都满意的课程愿景方案。通过分析综合、概括总结将各种不同的个人课程愿景上升到集体认同的课程愿景。如M市外国语学校为了满足学生学习外国语原声语言环境的愿望，学校开设了"英语午间餐"特色活动课程，利用中午午休时间，每周为在校学生放映英文原

①邢至晖,韩立芬.特色课程开发的7项核心技术[M].上海:华东师范大学出版社,2013:30.

版经典电影一至两次。这样的特色活动课程既不占用学校固有的其他相关课程的时间，也通过视听手段让学生感受到经典电影的艺术感染力同时培养了学生在原声语言环境中外国语的听力水平，同时也充分考虑到特色课程主体学生和教师的实际情况，可以说一举两得。

(二)团队学习,系统思考

当学校组织的各方初步达成课程愿景后，学校要组织各成员进行团队学习，倾听不同的人员对该课程愿景的观点，让课程愿景真正进入每个相关成员的心理，为日后的课程实施打下坚实的基础。在聆听学校组织其他成员对特色课程愿景的看法后，学校还应针对这些想法，系统的建立学校特色课程的图景。所谓系统思考课程愿景，指的不单单是就某项课程的意义和实施进行讨论，而是整体地看待学校的特色课程建设体系；尽量避免高中特色课程碎片化的、蔓延化的问题，并努力让所建立起来的高中特色课程能较好地融入学校课程体系，为这些课程还能进一步发展提供空间。如M市外国语学校在全面征求学校师生意见的前提下，颁布了《外国语课程三年实施方案》，确立高中学生的培养目标，除了学业考试整体成绩位于公办高中中上游水平以外，还明确了学生应具备终身学习外国语语言基础知识和基本技能的能力，具有应用外语获取信息、处理信息、分析问题和解决问题的能力以及跨文化意识和国际视野，能阅读简单原版外文著作，具有一定的外语交往沟通能力。在课程设置上，该校除必修课程依据国家课程开设译林出版社的牛津高中英语六个模块以外，还开设了一系列的外语活动课程。诸如英语午间餐、外语歌曲大赛、英语课本剧、英语文化节、英语书法、夏令营及外企实习等。同时也开设小语种课程选修，目前该校有日语、韩语及意大利语三种小语种选修课程。学校的课程方案充分体现了"特色办学、和谐发展、外语见长、全面发展"办学理念。

(三)清晰明确的表述

学校的特色课程愿景是学校组织的整体行为的体现。从愿景的形式而言，这可能是简洁的、意象性的，具有激励学校组织成员的作用且有长期的方向指导性。愿景的陈述必须是通俗易懂和生动明了的，最好是用师生员工认同的语言且具有鼓舞性和感召力，这更能让他们相信并积极融入到课程建设中去。同时，课程愿景的描述要具有独特性，要能体现学校的文化底蕴。特色课程的愿景是一个学校根据自己的自身优势的表现，它本质上是独特的和与众不同的，也是集聚众人智慧总结确立的，因而，清晰明确的表述展示了它的旺盛的生命力。如韩国大田科学英才学校以"四品"作为该校课程愿景的表述，分别是学品（专门知识及技术）、人品（关心、分享、伦理意识）、艺品（艺体特长）、技品（广告计划书、创意设计），明确概括了该校学生成长模型。

三、课程目标的厘定

高中特色课程建设有其独特的教育目标，广义的角度来看特色课程的目标在国内大多数学者中都有共识，那就是高中特色课程是为了满足学生个性化、多样化的发展。问题是，这样的一个课程目标的范围究竟包括哪些内容？以往的高中课程主要从两个方面来考虑课程的设置，一是升学，二是就业，但现代社会的飞速发展，需要的人才种类越来越多，仅仅靠这两个目标已经无法满足社会乃至个人发展的需要。高中毕业生还面临着一个可持续发展的问题，即如何能依照自己的兴趣和个性在离校后依然能找到适合自己的人生坐标点。因而，高中特色课程的开设的意义就是为了让学生能个性化、多样化地找到自己发展的途径。有了这样的课程目标定位，高中特色课程目标的范围就不能过于狭窄。既要重视认知能力的培养，也不能忽视情感、态度和价值观培养；既要强调专业技能的掌握，也需关注非专业的一般能力。既要考虑升学和就业，也要重视学生个性化的可持续发展。同时，高中特色课程建设的目标也要兼顾学校办学特色的需求。

(一)高中特色课程目标的内容

(1) 从学生的角度来看,高中特色课程就是为了满足学生个性化、多样化的发展需求。学校特色课程的开发在一定程度上是从学生的个别差异角度考虑,提供的符合个人需要的多样化课程,它将学生的兴趣爱好、个性特点、班级生活、乡土文化、学校活动、社会实践甚至研究性学习都纳入到特色课程的内容中来,目的是为每一个学生提供有助于个性解放和个性成长的经历和经验,重视人的存在,让学生在学校课程环境中,成为一个能自我建构、自我实现的完整的人。另一方面,考虑到学生兴趣和需求的渐次分化,高中特色课程还应为学生提供多样的可选科目,使每个学生各得其所,各展所能,适应个人、社会和未来的需要。

(2) 从教师的角度来看,为满足教师专业化成长的诉求。制度化的课程开发,教师往往成为课程的忠实性执行者,教师没有真正的课程开发参与权。高中特色课程的开发,培养了教师的课程开发意识与能力,其开发课程意识、课程资源利用意识、课程的设计能力、评价能力都在悄悄地发生变化,教师在享受课程参与建设过程的同时,也真正拥有了自己的课程主张,形成了自己的课程系列,并进一步实现了自己的课程做法。特色课程开发的过程从专业的角度来看,它有助于教师专业素养的提高,从教师自身的个性化角度来看,也有助于教师充分发挥自身特长及合作意识,特色化地完善课程的实施过程。

(3) 从学校发展的角度看,它是一个学校文化与内涵建设的要求。每所学校的发展都有其自身的文化特色。学校文化是经过长期历史发展积淀而形成的全校师生员工的教育实践活动方式及其所创造的成果的总和,包含物质文化、制度文化、精神文化和行为文化。其核心就是精神文化中的价值观念、办学思想、教育观念及群体意识等。它是学校潜在课程的重要组成部分,也是学校特色课程的支撑。同时,高中特色课程设计,要考虑学校长远发展目标,结合学校的历史传统、现实条件、学生特点加以规划,形成学校特色。利用好学校文化这一特色课程资源，可以聚合相关的优质文化内涵，覆盖自然、科学、人文、社会、科技、艺术、生命和健康等领域，一方面，打造了学校办学特色和教育个性，提高了学校的竞争力。另一方面，多门类的特色课程的开设，也迎合了学校培养多样化、个性化人才的需要。

(二)高中特色课程目标设计的原则

有了高中特色课程的目标内容还需要有课程目标的设计原则。高中特色课程目标的设计可以遵循以下原则：

1.可行性

高中特色课程目标设计不是凭空想象的，它是建立在关照学生、了解学生并对学校可用的课程资源做相应理解的基础上，是和学生以及课程相关人员共同协商后达成的共识。课程目标首先要考虑学生的知识基础、能力、兴趣和个性，脱离学生实际的特色课程目标不但不能达到最初设计课程的初衷，还有可能造成学生的负担，起到相反的作用。学校可用的资源是特色课程设计必须要考量的，实事求是地挖掘地方与学校的课程资源，才能让学生真实地感受到特色课程和他们自身的关联性，并积极投身于课程的学习之中。没有可行性作为保障，特色课程的有效性无从谈起，自然也就失去了课程本应具备的价值。

2.具体性

具体性原则指的是表述高中特色课程目标时，应力求明确、具体，符合学生的实际要求并具有可操作性和可检验性。课程设计者应根据课程标准的要求，深入了解、分析和处理教材内容，把握学习者的认知结构，根据学生的实际水平，了解他们的生活阅历、兴趣、习惯等方面，尽量使课程目标的内容序列化，使课程与教学目标细致化、具体化，使特色课程目标明确具体，能够观察、测量和操作。[1]

3.层次性

高中特色课程建设过程中要考虑到课程的逻辑结构和心理结构。

---

[1]邢至晖,韩立芬.特色课程开发的7项核心技术[M].上海:华东师范大学出版社,2013:59.

也就是说从课程横向角度来看，所有特色课程科目应该具备系统性和较完整的结构性。特色课程不是零散的课程，它需要以自身较为合理的结构融入到学校的课程体系中去。需要准确的包围课程目标、学段目标、学期目标、单元目标乃至课时目标的层次。注意每节课内的目标层次性，把握好知识目标、情感目标之间的关系。还要考虑特色课程和其他学科课程的关系，考虑在什么时间、按照什么样的比例来合理地安排高中特色课程。从课程的横向侧面来看，就是要让课程更好地切合学生的心理。课程是一种循序渐进的活动，不能期望学生能一下子完成教育的最终目标。学生的认知方面也是存在差距的，所以在达成目标的要求上也是应该具有层次差异的。不同年级、不同的年龄段所要考虑的特色课程的目标应该有层次性的不同。

四、课程内容的设计

课程的内容一般来源于课程目标。高中特色课程的目标既然定位于满足学生多样化、个性化的发展，定位于地方课程和校本课程两级课程范围之间，那么其在内容设计上就必然要考虑这个问题。

（一）内容设计的取向

按照国内学者给高中特色课程的定义，特色课程可以分为校本特色课程、课程的特色（课程实施的特色化、优质化）、课程特色组合方案（既定课程特色化重建）。比照这样的特色课程种类，高中特色课程内容上可以有下列取向：

1.课程内容即学生社会生活经验

课程即生活，这种取向的重点放在学生做些什么上，而不是学科体系上。关注的不是向学生呈现什么内容，而是让学生积极从事某种活动，特别注重课程与社会生活的联系，注重以学生的兴趣、需要、经验为中介设计课程。高中特色校本课程很多资源都是来源于学生的真实生活，它往往通过地域文化特色和学校历史传统来和学生实际生活接轨，当然也有针对学科文化特色来开发和学生相关的活动课程。

所有这些关乎学生生活、涉及学生社会生活经验的高中特色课程都应该归为潜在课程的特色化校本课程。如 M 市外国语学校与一些外资企业合作，建立一些学校实践岗位，让学生了解社会、服务社会，在社会实践中培养运用外语交流的能力，如安排学日语的学生到东风日产4S 店，学韩语的学生到北京现代 4S 店寒暑假社会实践等。

2.课程内容即学生的学习体验

建构主义认为，知识来源于学习者的自我建构，决定学习的质和量的是学习者自身而不是教材或教师。学习者之所以参与学习，是因为教育环境中的某些特征吸引了他，学习就是对这些特征做出反应。学习经验不同于一门课所涉及的内容，而是指学生与外部环境的作用——体验。这里的体验最初在杜威的教育思想"做中学"中有所体现，在其思想之中折射出两个原型活动的影子，一为手工艺活动，一为科学研究活动。关注的都是如何让学生通过参加有真实意义的活动任务来获得有价值的体验。以此为基础，我们可以把高中特色课程的内容从两方面加以特色化的实施。有关科学研究活动我们可以设计为相关的研究性学习。学生可以围绕相关的共同关心的科学问题开展研究活动，并在此基础上形成初步见解。然后相互对彼此见解进行评点、质疑、改进、丰富和汇总，并延伸出新的问题。这些活动大部分依托学科课程展开，主要内容包括经典阅读、真知真才讲座、项目设计、课题研究等，旨在培养学生的阅读习惯、学习兴趣和思考能力，引导学生形成寻师问道的良好习惯和创新思维方式，不断挖掘自身潜能。另一方面，针对手工艺活动的实践情境知识，我们也可以通过实践性的活动课程来加以实施。但需注意的是，实践情境知识以实践活动情境为依托，但其并不是实践活动及其情境本身，它仅仅是指蕴涵在其中的知识。这些知识经验体现在成员的交往、活动之中以及他们用到的工具物品之中，包括分工方式、工作流程和相关规则等等。这两种研究型学习和实践活动的相关特色课程，体现了高中特色课程实施过程的特色化、优质化。如 M 市外国语学校创办中英双语广播电视台，开设双语节目。学生记者团用英语等语言采访来该校学习的外国友人，鼓励学生在重大活动中采用中英双语主持。此外，学校还开展冬、夏令营活动及文化教育之旅。这些体验式的学习经历，使学生感受到英语文化的氛围，促进了学生在实践中运用外语的能力。

3.课程内容即学科知识、教材的活化

高中特色课程内容上不可能是传统课程意义上的教材或学科知识，但国家规定的三级课程体系中的国家课程也不能完全排除在特色课程体系之外，尽管大部分学者把特色课程定位于地方课程与校本课程区域之间。国家规定的必修课程一是可以通过与特色化的地方或校本课程建立某种联系，把必修课程进行特色化的改造，这其中包括教师对相关课程的开发。同时也可以给予学生一定的选择空间，有计划、有步骤、合理的安排自己的必修课程，真正体现个性化的学习方案，也就是"学程"。对教材和学科知识的活化，本身就是高中特色课程一个重要的组成部分。如M市外国语学校为了帮助学生学好外国语口语，学校组织力量编写《校园英语一百句》《校园意大利语一百句》《校园日语一百句》以及《校园韩语一百句》，鼓励学生在校园生活中日常使用这些用语。

(二)课程内容组织原则

高中特色课程必须融合到学校课程体系之中才有实际意义，这涉及课程内容的组织原则。

1.整合性原则

鉴于高中特色课程涉及的范围比较广，有学生的兴趣、生活和校园文化各个方面，有必要对学校的特色课程进行相应的整合。目前比较多的做法就是模块化课程的设计。就是将相关联的特色课程统整到固定的模块系列下，并根据模块来开设学校的特色课程。这里的模块没有固定的标准，各个学校可以根据自己的需要和学校的特点来加以组织。模块化的内容设计应便于在一个相近的课程框架内组织课程内容，同时也便于学生选择适合自己的课程。整合的模式可以有知识统整、经验统整以及社会统整，可以在一定的主题性内容下来整合课程

内容。高中特色课程的选择性和学生学习的个性化方案必须建立在模块化的课程组织基础之上。

2.逻辑顺序和心理顺序

特色课程内容涉及面广，有国家课程的特色化实施、地方课程的开发以及学校校本课程的建设。这些课程内容繁多，如果不加细致的组织，可能会造成课程的蔓延现象。为此，首先要注意高中特色课程体系的逻辑性。当前有些模块化选修课程已出现课程内容条块分割、缺少联系的情况。而没有知识的系统性、脱离实际，以及缺乏一定价值观念的课程是难以想象的，"未来课程必须是一种系统，尽管是一种新型开放系统"。[①]课程模块化需要克服目前制度下的分离、片段化、刻板以及低期望状况。同时，一些发展心理学家从人的成长过程的角度，也对课程组织的序列提出要求，在发展理论看来，学生的生理的、社会的、理智的以及情感的发展，都是按一定的顺序由内部加以调节的。因此，课程内容的组织必须顾及学生发展的阶段，考虑到学生的心理特点来组织课程内容。

五、课程评价的改变

高中特色课程评价的内容涉及很多方面，从纵向上看，包括特色课程开发的情境和目标定位的评价、特色课程方案的可行性评价、特色课程实施过程的评价以及实施效果的评价；从横向上看，包括特色课程方案本身的评价、教师课堂教学评价以及学生学业成就评定等。评价的目的都是为了保证高中特色课程实施的质量，提高特色课程的内涵品质，更好地满足学生发展的需求。[②]按照高中特色课程建设的三个阶段，本研究分别从高中特色课程开设背景评价、过程评价和成果评价三个方面来阐述高中特色课程的评价的改变。

---

①麦克·扬.未来的课程[M].谢维和,王晓阳等,译.上海:华东师范大学出版社,2003:101.

②邢至晖,韩立芬.特色课程开发的7项核心技术[M].上海:华东师范大学出版社,2013:145.

(一)高中特色课程背景评价

一般来说，这个阶段的课程评价可分为"背景评价"和"输入评价"。[1]前者包括界定学校的背景，确认课程建设的服务对象并评估其需求，确认课程能够满足需求的可能方式，诊断需求所面临的问题，以及判断目标是否能满足已知的需求，背景评价旨在提供高中特色课程建设的依据。后者是对实现课程目标所需要并且可以得到的条件所进行的评价，是对课程实施可行性的评估，它涉及的问题有：实现课程目标的可能性；各种方案的潜在成本；课程优势与劣势，课程资源可获得性等。无论是高中特色课程的"背景评价"还是"输入评价"，都一改以往课程建设中绝对集权的模式，特色课程不再是教育部门、学校领导以及学校组织中部分人的事情，其真正体现了全员参与，与学校教师、学生息息相关，让特色课程成为学校所有相关人员的生活一部分。特色课程实施前的系统调查、分析、访谈、座谈的方式，也改变了长期课程建设过程中教师、学生"局外人"的角色。

(二)高中特色课程过程评价

这一阶段评价，主要是描述特色课程实施过程，从而预测或者确定课程实施中存在的问题。相关内容包括：课程活动是否按预定计划得到实施；课程资源是否以有效的方式加以利用，这些将为课程开发者提供用来修正课程的有效信息。[2]这些信息应包括：学生选课情况、学生学习情况、教师的意见和建议、校本课程开发的配套措施情况、教学目标、教学内容、组织实施的策略等。这一过程评价首先改变了以往仅限于师生主体的局限性，评价改为多主体动态协同评价，由多个主体参与进行，包括学校课程委员会、教师、学生、家长等，决策者可以从中获得丰富的评价信息。其次，评价的方式也不再是以往的终结性评价——考试为主导，过程性评价如描述性评价、故事评价、个案评价和研讨评定法等都是重要的评价特色课程的方法。

---

①邢至晖,韩立芬.特色课程开发的7项核心技术[M].上海:华东师范大学出版社,2013:146.
②邢至晖,韩立芬.特色课程开发的7项核心技术[M].上海:华东师范大学出版社,2013:146.

（三）高中特色课程成果评价

这一阶段的评价主要是测量、解释和判断课程的成效。它包括收集一些与结果有关的描述和判断，把它们与背景、输入、过程三方面的评价加以联系，对课程的价值和优点做出判断与解释。这一阶段的评价主要是由结果性评价走向过程性与结果性相结合的评价，由外部评价走向内部评价和外部评价相结合的评价模式。以往高中学生学业评价往往通过高考这一单一的模式来决定，高中三年学生的课程学习情况似乎只有考上重点大学才是学业优秀的象征，一张高考试卷可以衡量一个高中生三年的课程学习。这种结果性、终极性的评价其实有着自身的缺点，因为无论如何单凭一张试卷来测试一个学生三年课程的学习情况很显然是有失偏颇的。正确的方式应该是综合考量一个高中学生三年各方面的学习情况，由单一依靠外部评价的高考模式逐步走向外部评价和内部评价（学生成长袋记录）相结合的方式。2014年国务院下发《国务院关于深化考试招生制度改革的实施意见》（国发〔2014〕35号），指出坚持育人为本，遵循教育规律。把促进学生健康成长成才作为改革的出发点和落脚点，扭转片面应试教育倾向。并提出综合素质评价主要反映学生德、智、体、美全面发展情况，是学生毕业和升学的重要参考。要求建立规范的学生综合素质档案，客观记录学生成长过程中的突出表现，注重社会责任感、创新精神和实践能力，主要包括学生思想品德、学业水平、身心健康、兴趣特长、社会实践等内容。探索基于统一高考和高中学业水平考试成绩、参考综合素质评价的多元录取机制。要实现新的评价机制的形成，全面而多角度地完成对一个合格高中毕业生的评价，真正改变一考定终身的片面的评价体系，高中特色课程无疑是最好的途径。因为要涉及思想品德、学业水平、身心健康、兴趣特长、社会实践等内容只有通过建立较为完整的高中特色课程才可能在实践中得以体现。但问题是，如何建立起与高中特色课程相配套的成果评价方式，如何实施高中生的成长袋记录。目前当务之急就是改变现行的高考评价制度，增加高中生成长袋记录的权重，给高中生更多的个性化表现的机会。韩国高中的高考评价模式值得我们借鉴，它主要通过大学能力考试、学校生活记录簿、论述、推荐信、面试并行来考查一个学生的综合素质。同时为了相对公平还设置了入学查定官制度，更注重考查学生的耐力、创造力、潜在能力和个人综合素质。

第五章 高中特色课程配套措施

一、高中特色课程政策支持

课程政策是指国家教育行政主管部门在一定社会秩序和教育范围内，为了调整课程权力的不同需要、调控课程运行的目标和方式而制定的行动纲领和准则。课程政策规定了课程的性质、关系以及课程的决策，制约着课程的设计和设施，对整个课程的改革有着重大影响。它是在不同的价值取向指导下的政策行为，不同课程的政策取向，制约着人们确立不同的课程政策目的、采取不同的课程政策模式乃至确定不同的课程政策内容。[①]

在课程发展的历史过程中，课程政策也在悄悄发生变化，综观世界各国高中课程政策变化，主要集中在课程开发均权化、课程取向整体化以及课程目标多样化、国际化和个性化等等。课程行政管理体制与一个国家的政治体制有着内在的关联，从世界范围来看，不论是资本主义还是社会主义国家，在政治体制上都存在两种倾向，集权化与分权化。相应地，在课程行政管理体制上也存在这两种倾向。中国一向有课程高度集权化的传统，但随着当今课程的发展，也开始重视地方和学校课程开发的自主权，正是在这样的一种趋势下，高中特色课程建设才遇到了前所未有的发展机遇，我国的课程政策也相应做出了一系列调整。

---

①邢至晖,韩立芬.特色课程8问[M].上海:华东师范大学出版社,2013:183.

(一)国家课程政策引领

从宏观上看，国家改革开放政策自然是引领学校变革的总政策。[①]早在上世纪末，为了使我国的基础教育课程能更好地适应时代发展的需要，1999年国务院发布《中共中央国务院关于深化基础教育改革与发展的决定》(〔1999〕9号) 和《国务院关于基础教育改革与发展的决定》(〔2001〕21号) 两个文件，大力推进基础教育改革，调整课程体系、结构和内容。并进一步指出，为使学生在普遍达到基本要求的前提下实现有个性的发展，课程标准应有不同水平的要求，在开设必修课的同时，设置丰富多样的选修课程。选修课程要有一定的层次性和选择性，以便于学生获得更多的选择和发展的机会，为培养学生的生存能力、实践能力和创造能力打下良好的基础。2003年《普通高中课程方案（实验）》(教基〔2003〕6号) 把高中教育的培养目标定位于：九年义务教育基础上进一步提高国民素质、面向大众的基础教育。并在高中课程改革的目标中，指出要适应社会需求的多样化和学生全面而有个性的发展，构建重基础、多样化、有层次、综合性的课程结构。强调学生多样化、个性化的发展的课程被提上议事日程。

2009年3月，中央教育科学研究所和美国安生文教交流基金会共同举办的"中美高中特色办学研讨会"在北京召开。中美两国专家和近400名普通高中校长，就如何举办有特色、高质量的普通高中进行了广泛而深入的研讨。教育部副部长陈小娅出席会议并讲话。她指出，特色办学是普通高中教育更好地服务经济社会发展，服务人的发展需要的必然要求，符合学生的成长规律，符合教育规律，也体现了素质教育的要求。高中是学生个性和才能显露与发展的关键阶段，特色办学才能适应学生的个性发展，才能为各种人才的成长开辟不同的道路。特色学校既是个性化学校，又是多样化学校。这次会议不仅是一次大型专题研讨会，也是建设高中特色学校项目的启动会，中央教育科学研究院将通过"项目引领、科研推动、区域协作、共同发展"

[①]张乐天.基础教育学校变革的政策审思[J].复旦教育论坛,2012(10).

的创新机制，大力推进高中特色学校的建设。①

2010 年，《国家中长期教育改革和发展规划纲要（2010—2020年）》明确指出，普通高中类型单一、办学特色不足。我国高中教育的办学模式与管理模式一直在探索之中，但千校一面的问题仍然存在，高中阶段教育办学模式单一，行政命令、计划经济痕迹明显，缺乏办学特色。管理基本上依然以直接的行政命令为主，在政府与学校的权责没有清晰界定的情况下，普通高中学校办学自主权的获得依然异常艰难，政府对学校实行"千校一令"的局面，阻碍了普通高中体制多样化、办学特色化的发展。提出支持普通高中学校建立特色化课程体系。鼓励学校在国家课程方案的指导下，应根据自身定位和本地实际，努力建设涵盖国家课程、地方课程与校本课程，涵盖显性课程与隐性课程，涵盖常规课程与特色课程的学校特色化课程体系，多角度入手，规划符合办学目标和培养目标的特色课程，发展学校的办学特色。

综上所说，国家层面上的课程政策是在引领高中特色化办学，改变高中同质化现象，并积极提倡在各个高中建设高中特色课程体系。

（二）地方课程政策的支持

高中特色课程定位在国家课程方案的指导下，应根据自身定位和本地实际，努力建设涵盖国家课程、地方课程与校本课程，涵盖显性课程与隐性课程，涵盖常规课程与特色课程的学校特色化课程体系。在我国现有的管理体制下，没有相关政府部门的领导、协调和支持，学校难以获得强有力的发展动力和良好的资源条件，只有在政府的统筹协调下，才能在一定区域内为大多数儿童青少年潜在优势和兴趣爱好的发展提供理想的资源条件和机会。②上海市为了顺应此项课程国家政策，于2010年9月发布《上海市中长期教育改革和发展规划纲要》明确指出，今后十年上海市要推动高中多样化和特色化发展，增

---

①办好特色高中,提高高中教育质量[J].大学.研究与评价.2009,(03):98.

②傅维利.论当代基础教育的特色化建设[J].教育研究,2014,(10).

强普通高中的开放性和选择性，最终形成"高质量、多样化、有特色、可选择"的发展格局。上海市黄浦区更是抓住上海市2010年在全市开展的"提升中小学（幼儿园）课程领导力行动研究"（沪教委基[2010] 33号）文件的契机，提出了全区特色课程建设的10条建议，将师生的课程诉求通过政策文本的形式表达出来。该建议内容涉及学校课程方案的研制、课程资源的利用、特色课程的设计、特色课程的实施、特色课程的评价、特色学科的建设、特色课程的研修、特色课程的审核、特色课程的共享以及特色课程的保障。①全区中小学（幼儿园）许多教师长期坚持参与特色课程建设，为了对课程内容、课程建设时间、课程文本资料的组成（包括课程纲要、校本教材、教学案例、教学成果）严格要求，上海市黄浦区自2009年11月起展开黄浦区中小学特色课程申报和认定工作，规范了申报和认定的范畴。同时还出台了《上海市黄浦区中小学特色课程实验管理办法》，探寻了特色课程共享制度，进一步明确了特色课程经费保障（区、校两级经费）和特色课程实施技术保障（区教育学院协调，整合学校内外信息技术设备和设施，对特色课程提供技术保障）。

(三)学校课程政策的保障

无论是国家还是地方课程政策，都必须联系学校课程政策方可以落到实处。从某个角度来看，学校课程政策是高中特色课程建设最基础的保障。上海市育才中学本着以学生发展为本的理念，在贯彻国家课程理念的同时，通过十多年的探索，基本打造出富有育才特色的课程结构体系。从育才课程体系发展历程看，可以分为三个阶段，即初创阶段、调整阶段以及再造阶段。学校从1998年4月开始酝酿课程改革方案，经多次专家论证，形成了学校的课程政策《育才中学课程设置整体方案（试行）》，并在1999年9月开始实施。根据实施情况，在1999年，两次对学校的必修课程和选修课程分别进行了微调，形成了以必修课程、选修课程和自主活动课程为主要组成部分的课程体

---

①邢至晖,韩立芬.特色课程:机制与方略[M].上海:华东师范大学出版社,2013(124).

系。不同的课程各司其职，既落实了国家课程的基本要求，又为学生提供了更广阔、自主的选择与发展空间，且兼顾了每位学生的个性发展。2001年，随着《上海市普通中小学课程方案》和各学科课程标准相继制定，二期课改正式开始。育才中学进入了学校课程体系调整阶段。学校把课程体系建设重心摆在提高选修课程质量和完善自主活动课程的管理上。重点扶持若干特色学校课程，并逐步形成有育才特色的修身健体、知识拓展、综合科研、社会实践以及应用技术五大类学校课程群。但课程设置还是考虑学科本身过多，在考虑社会发展方面，特别是在考虑学生的发展方面还远远不够。从2009年开始，育才中学总结、反思十年办学经验，酝酿新一轮课程改革，学校以《上海市普通中小学课程方案》为依据，再造了新的课程体系。关键就是从应对高考走向服务于每一位学生的终身发展和学校特色化的高位发展。学校的课程以其内容、水平和休息期限的多样性和可选择性来适应学生发展的个性化需求。学校开发了身心修炼、人文研究、科学探索、国际理解和技术应用五大类校本课程群，这五类课程的目标定位更清晰，更有利于培养有育才特色的学生，分类也更为合理。[①]通过建立起这种融通立体的特色课程体系，静态上为学生自我发展奠定了基础；同时，在动态上保证其灵活性，充分彰显了学生的主体地位。从育才中学特色课程体系建设的发展过程中，我们可以了解到学校课程政策对培育高中特色课程体系有着不可替代的作用，它是学校特色课程建设有力的保障。

二、高中特色课程师资建设

高中特色课程虽然包括国家规定的课程特色化实施（课程的特色），但主要还是倾向于地方课程和校本课程的开发（特色课程）。无论是哪一种课程模式，高中特色课程建设都离不开教师的作用。国家课程特色化实施需要教师最终去落实，特色课程的开发更需要教师积

---

①陈青云.段力佩与育才中学[M].上海：上海教育出版社,2013:109.

极参与，开发适合学生发展和学校教育目标的特色化课程体系。可以这么说，教师在特色课程的孕育、发展与成熟过程中发挥着很大的作用。特色课程开发、实施及管理都需要更多特色教师的成长和参与。

(一)特色课程与特色教师关系

同样都是"特色"，特色教师的"特色"与特色课程的"特色"是否存在关联？意义是否一致？从意义上来理解，特色教师的"特色"多指个性化，指教师具有的独特的教育教学方法和教学风格；而特色课程的"特色"意为独特，一般指独立的、有特点的、具体的课程。从字面上来理解，两者具有一定的相似性，都含有区别于其他事物的风格、形式的意义。两者之间的关系主要表现在：

1. 高中特色课程离不开特色教师

特色课程离不开特色教师的原因可以从两个方面去把握，一是高中特色课程的开发需要一大部分有特色的教师参与和支持。原因是这些教师往往处在一线，对学生的需求和学校的特色有比较全面的把握，让他们参与特色课程的规划、方案设计、课程内容选择乃至课程实施过程建设有利于高中特色课程开发更好地适应学生和学校的发展。同时，再好的特色课程也必须在实践中发现问题，再进行技术改造，这样的过程也必须有这些教师参与才能反馈课程的信息。另一方面，特色课程设计是一码事，实施却是另一码事，尤其是单一的学科特色课程，没有好的特色教师很难驾驭该特色课程。比如 M 市 D 县二中，面对来自新疆班的学生，学校在开设美术特色课程上做足了工夫。首先总结了在课堂渗透的民族传统文化资源有：京剧脸谱制作、传统剪纸、皮影艺术、传统民间图形图案欣赏、民间美术的分类、中国传统民间色彩、传统陶艺制作、"龙"的图形绘画、画像砖和画像石欣赏、角色游戏之脸谱、蛋壳上的脸谱、民间喜字的剪法、中国美术的辉煌历程与文化价值、走进中国古人的生活——衣食住行、古老的中国造纸术。教师对这些资源进行分类整理，针对不同年级组织有计划的课堂教学。预科阶段第一学期，主要把京剧脸谱、剪纸、走近古人的生活、古老的造纸术、传统陶艺制作等渗透在课堂教学；预科第二学期，以皮影、传统图案图形欣赏、画像砖画像石、角色游戏、蛋壳上的脸谱等为主进行课堂渗透；高一年级主要是民间美术分类等传统美术课堂欣赏为主。美术老师配合班主任，进行班徽、班旗的制作。这样的美术特色课程教师如果没有熟知中国传统文化，对中国民间艺术、古代文化没有足够的造诣，很难驾轻就熟，把富有特色课程上得有声有色。

图2

另外，高中特色课程不仅仅指课程内容本身，也包括课程内容特色化的实施过程，其实就是课程的特色，这就更需要教师彰显其个性化的特色。特色教师个性化的特色来源于自身的特质，是课程特色实施的必要保障。M市D县二中地理教师Y老师为了让新疆的同学直观地了解祖国的发展成就，开设了一节颇具特色的"中华疆土新皖连线"（新指的是新疆，皖是安徽的简称）研究课。在课程实施过程中，Y老师匠心独运，通过设置情境来介绍我国的铁路建设成就。Y老师课堂上提问：假如毕业后，我们大家建立了深厚的同学感情，新疆同学邀请我们去他们的家乡去做客，我们应该通过怎样的交通运输方式去呢？在同学们谈论之后，教师不失时机的提出我国铁路建设的成就，以图表（见图2）的形式，直观地向学生展示了改革开放以来我国铁路建设情况。该特色课程在实施过程中在内容选择、方案设计以及情境导入等方面都体现了Y老师个性化的特征，课程取得的效果自然十分明显。

2.高中特色课程促进特色教师的成长

高中特色课程的开发一改以往教师只是课程的忠实执行者这一角色，真正让教师成为课程的主体，成为课程的研究者和开发者。教师通过课程设计、实施、评价、反思不断地获得特色课程实践能力，进而使自己的专业能力随之发展。一旦教师参与了特色课程建设，教师会面临新的教学观点、教学资源和教学策略的挑战，在理清思路、理解特色课程的过程中，教师的教育理念得到了提升；同时要开发新的特色课程必须关注自己的教育教学过程，关注学生学习发展的动向、自己与学生的交流和互动的状况，这便促进了教师专业技能的进步；教师通过参与课程编制、改编和评价，也会提高他们对自己和教育的理解、丰富其学科知识，教师的视野不再局限于课堂内的教学，而需要在更广阔的领域理解教育的真谛。可以这么说，特色课程的开发推动了教师的专业化发展，使普通教师发展为特色教师。M市D县二中在开设民族特色的高中特色课程过程中，教师成为课程的创造者和设计者，从"不要拒绝对民族传统文化的吸收"到"从民族传统文化中汲取营养"成为教师的共同认识，促进了教师对学科知识的重新建构，有效地提高了教师的教学能力。并学会了京剧脸谱的制作、学会了太极拳，提升了自身的民族素养。教师在研究过程中孵化出校本课程，如"中国古代数学史探趣""中国古代剪纸探趣""民乐民歌欣赏""唐宋名篇赏析"等，促进了教师的专业发展。

(二)特色教师的特质

那么，要成为一名名副其实的特色教师要具备哪些特质呢？

1. 特色教师首先要有强烈的课程意识

课程意识主要指教师的一种基本专业意识，属于教师在教育领域的社会意识范畴。它有时也可以指对课程的敏感性与自觉性程度。课程意识的内容主要包括主体意识、价值意识、资源意识、生成意识、反思意识及合作意识。[①]教师的主体意识是特色课程开发的基础和源泉，特色课程开发往往源自教师本身对生活的认识、对教育教学的感悟。教师只有自己把自己当作课程决策者的主体，才能真正热心于特色课程的开发，在特色课程规划、设计、实施、评价及反思中充当主体。同时，在设计之初就要有价值意识和资源意识，并合理地利用该特色课程的可行性课程资源。当实施相应的特色课程之时，尚需教师的反思意识。不断地在特色课程实施过程中找到相关的经验，优化特色课程内容，升华专业技能。优化特色课程内容也是生成意识的表现，在特色课程教育实践中，很多教师特色化的创造性的实施本身就是课程特色的一种表现，也是特色课程持续发展的动力。

2. 其次要有足够的爱心、耐心

高中特色课程的目标其实就是为了学生的发展。了解到这样的课程目标，那么在特色课程内容设计、实施及评价上，特色教师都应本着一切为学生着想的理念，在特色课程内容选择上尽量考虑学生的兴趣、爱好和个性特征，充分考虑到每一个学生。要力求凡是学生喜欢的、对学生发展有利的课程都是高中特色课程的首选目标。要善于发现学生的兴趣和个性，发现学生的长处，鼓励学生积极参与特色课程的共建，在课程的共建过程中提高学生的能力。同时，在特色课程实施过程中要有耐心，面对正在发展中、具有很大差异性的学生群体，面对错综复杂、形式各异的教育情境，特色教师要有热爱教育、勇于实践的品质，要明白特色课程建设不是一朝一夕的事，需要一个不断

---

①邢至晖,韩立芬.特色课程8问[M].上海:华东师范大学出版社,2013:121.

探索、失败、再探索的过程。

3.特色教师自身要有丰富的知识

这里的知识主要指两个方面，其一是特色教师要有一定的课程知识。以往的教师主要是课程的忠实性执行者，只要按照国家既定的课程实施，无需关照课程的其他要素。新课程改革后，教师不仅要成为课程的实施者，更重要的是，还要成为课程的开发者。也就是说，教师要参与课程的开发、设计乃至实施等一系列过程。高中特色课程本身就是在国家课程规定的框架内结合地方课程和校本课程开发的一系列课程或课程群，它需要教师、地方、学校根据自身的特点来加以建设。特色教师必须具备收集特色课程资源，设计课程方案、评价和管理特色课程的能力才能完成该项任务。特色教师必须改变以往教书匠的形象，真正成为一名课程研究者。其二，这里的知识还包括特色教师掌握的本学科知识。任何一门学科特色课程的开设都需要对该学科的前瞻性内容、学科的基本结构以及学科的教学方法有比较深入的了解，这样既便于特色教师在特色课程开发的过程中能很快找到适宜的特色点，同时也便于教师在总览该学科知识的基础上，驾轻就熟，特色化的实施该学科的特色内容。一名成功的特色教师，一方面一定是课程的研究者，善于反思总结；另一方面，它也一定是某学科课程的专家，是一位教师专业技能娴熟的课程执行者。

4.特色教师还应具备探索创新的精神

创新精神是一个民族和国家生存发展的希望所在，同时，创新精神也是一个学校、一个特色教师不断发展的"原动力"。特色教师的创新精神可以表现在两个方面：其一是在课程内容上有创意。特色课程的开发需要教师全程参与，其内容的选择和开发，特别需要教师的创意。比如M市外国语学校为了让学校了解西方的一些节日，在复活节安排了制作彩蛋的活动。复活节彩蛋是复活节最重要的食物象征，意味着生命的开始与延续。如果仅仅制作彩蛋，不能体现特色课程的创意，设置此项活动的老师们专注于该特色活动的细节，本来是用一根绳子围住学生展览彩蛋的专属区，老师们建议不太好后，开始改做提示牌让学生自己自发爱护他们自己做的彩蛋，后来发现这个拆掉的绳子果然拓展了该次特色活动课程的意义，学生们自行组织起来提示保护彩蛋专属保护区，无形中提高了学生的公德意识和奉献精神。这样的一种创意课程，它的教育意义就在于学校生活无处不是课程。其二是特色教师在实施课程过程中也需要创新的方法。特色教师在解决某一教育教学问题时往往不遵循固定的程序和模式，而是在具体的教育教学环境中，根据实际情况去合理地组织教育教学的内容和过程，灵活地采取各种新的方式方法，将自己的创造性蕴含于活动之中。

5.特色教师的合作意识

在特色课程开发的过程中，有些特色课程是很难通过教师的个体来完成的。如课程开发难度较大，教师的个体不能自主承担所有课程开发任务。或者，当教师开发的特色课程要进一步上升到学校的"特色"，抑或上升到更高的区域化特色，那么此时特色课程的开发就需要教师群体的合理支持。还有另一种状况，有些特色课程涉及跨学科联合开发，它是根据学科间的不同联系，以育人目标为依据，寻找各学科的关联点进行的课程的统整和开发。特色教师在开发这类特色课程中，需要根据不同学科的特点、教学内容、育人方式等相关信息，各个学科之间互相融合，从不同的角度感受课程要传授的生活经验和学习知识，提高学生对学习问题的认识和解决问题的能力。当然，与社会资源整合的特色课程，也需要特色教师走出校门，发现对学生有用的特色课程资源并与这些社会资源形成良性的互动，开发出贴近社会、贴近学生生活的优质高中特色课程。上述三种情况都需要特色教师表现出良好的合作意识，因为只有通过合作，才能形成群体参与特色课程建设的趋势，才能集聚更多的人力、资源乃至想法，使高中特色课程具有旺盛的生命力。

(三)高中特色教师的培养

高中特色课程的实施需要许多优秀的特色教师参与，但如何培养成合乎特色课程的特色教师，这是高中特色课程建设不容回避的问题。要培养出合格的特色教师应从以下几个方面去考虑：

1.转变教师的观念

教师的课程观念转变不是一个线性的、简单的过程，而是一个复杂的、系统的过程，它依赖于教师主观和客观环境条件的共同作用。

首先应该转变的是教师的课程观念。以前教师一般把课程定位于学科或者学科学习计划，后现代课程观提出课程是"跑的过程"，从某个角度来看，其实把课程的定义上升到学生在学校学习生活的所有经历，学校生活无处不是课程，只要对学生成长有利的生活经验都是课程的有效资源。依照这样的课程观念，高中特色课程的开发可以涵盖学校学生的学习生活、校园文化、学科建设甚至社区文化，特色课程的资源得以进一步延伸。教师的课程观念的改变有助于为特色课程建设打下良好的基础。

其次要转变以往教师一贯遵循的"教师是课程忠实性执行者"的习惯。由于陈旧的课程观认为课程是国家乃至部分课程制定者制定的内容和规划，所以教师只是课程被动的执行者，教师只要依照课程制订的方案和内容，忠实履行课程方案，他们对课程的规划、执行没有相应的发言权。新的课程观念改变了这种观念，它把课程规划的制定、实施都纳入到教师的日常教育教学过程中，让教师不仅仅成为课程的执行者，更是课程的规划者、评价者和开发者。这种观念的转变，有助于教师把课程开发作为自己日常教育教学的一部分，有助于教师在日常学校生活中发现特色课程的资源并积极地开发相应的特色课程。教师真正成为课程的主人，能更有效地规划特色课程的意义。

最后是转变课程的评价意义并进一步提升对教育内涵的理解。以前的高中学业课程评价在大多数情况下是为了高考和学生就业服务，这样的评价窄化了高中课程的建设意义，使高中课程建设只是围绕高考有关科目，或者社会就业热点来组织，对学生的个性发展无暇关注，泯灭了学生的个性发展，让学生成为考试或培训的机器。目前国内对以往过于重视选拔性评价的高考评价模式的改革之声不断，国务院及教育部也下发了相关的关于高中学业考试评价的规定，这些规定目的是把以前重视选拔的终极性评价逐渐转化到注重综合素质的形成性评价中来，而要实现这样的目标，必须开发相关的与高中生素质相切合的高中系列化特色课程。教师更要改变以往注重升学、一考定终身的评价模式，要逐步顺应给学生建立高中学生学习生活成长袋记录的评价方式，多方位、多角度较为客观地评价合格的高中学生。

2.搭建平台,培养教师开发课程的能力

特色课程中的课程观有别于传统的课程观念，很多的特色课程可能来源于学生的兴趣和生活本身。这需要开发这些课程的特色教师要有一定的课程开发能力。一般说来，教师的课程开发能力涉及教育理念的思考、学校实际情况调查研究、对学生实际需求和个性发展的关注、对社区课程资源的利用以及编写特色课程纲要、实施特色课程、评价特色课程等诸多能力。要培养学校教师的这些能力，学校就需要搭建相关的平台，鼓励教师参与特色课程开发、管理。比如学校可以建立学校课程发展委员会或者学校课程开发领导小组，让教师、学生乃至家长、社区代表和学校领导一起参与特色课程开发工作，保证特色课程开发的合理性。同时学校还可以通过专家引领的方式，聘请高等院校的专家指导特色课程的开发，甚至直接走进课堂，讲授特色课程。通过这些特色课程平台的建设，强化了教师的课程意识，让学校教师了解了特色课程的内涵和特点，明确了特色课程设计的基本理论和基本方法。并使全校教师对特色课程产生思想、观念、情感上的认同，形成具有共识性的特色课程的教育理念和改革目标。

3.发挥教师特长,鼓励创新意识,培养教师的合作意识

特色课程需要特色教师，而特色教师首先必须具备一定的特长。每个教师都有自己的专业特长和兴趣取向，都有自己不同于他人的成长经历和社会阅历。学校在开发特色课程的同时，应该充分考虑到本校教师的特长。有的教师阅历丰富，他自身就有很多令人难忘的成长经历，这些经历本身都是独特的，也是宝贵的课程资源。如果学校在开发特色课程的过程中考虑到这些教师的特殊经历，让他们有机会调出自己有价值的人生履历，兴许这就是一门难得的特色课程。还有部

分老师才艺素养很高，他们的琴棋书画、体育健身等才艺技能也是学校需要发挥的教师特长，如果学校把这些教师的特长应用于特色课程开发领域，不仅丰富和美化了学校教师的业余生活，同时也给予学生个性化课程教育。

特色课程的开发还需要学校鼓励教师的创新精神，尤其是在特色课程实施过程中，教师的创新精神尤其重要。比如为了使新疆班的同学更好地了解中国传统优秀文化。M市D县二中开设了"中国传统优秀文化教育——唐诗"这一特色课程。唐代诗歌内容丰富，涉及面广，要把这一课程建设好，主讲H老师付出了很多的努力，尤其在内容和教学过程中分别进行了创新。首先，他在内容上选取了和学生生活相联系的唐代诗歌，诸如思乡、边塞等佳作，这些诗歌容易感染从新疆来内地求学的孩子。像"海内存知己，天涯若比邻""举头望明月，低头思故乡""大漠孤烟直，长河落日圆"这些唐诗名句无不让新疆的孩子们勾起思乡之情。同时，相关的边塞诗歌也明确了自古以来新疆就是中国的疆土。如《送元二使安西》，安西指唐代为统辖西域地区而设的安西都护府的简称，以此证明了新疆和内地自唐代至今一直是有官方和民间的交往。这样的创新内容完全打破了将唐代诗歌划分为初唐、中唐、盛唐和晚唐不同时期的模式，抓住学生的兴趣和需要，从地域和感情两个方面来选择特色课程的内容。同时，该教师还设计了"连连看"的游戏方式，把诗歌名句和相关作家一一对应，来考查学生对唐诗的掌握。整个课程都充满了教师创新的精神。

当然，每个教师的个性、才艺乃至学科不尽相同，特色课程的建设需要每个教师在发挥个性的同时也要学会合作。如在开设"文明之轴——从新疆管窥文明相遇与融合"这一特色课程中，M市D县二中的Z老师从自身地理学科的角度介绍新疆的地理特征（三山两盆地、沙漠、绿洲、草原、高山）和独特的文明样式（绿洲文明、草原文明），并进一步阐释中原与西域的文明之轴——博格达峰（天山）。这些内容都可以算是Z老师得心应手的，但接下来介绍的尼雅遗址、木雕欣赏、于田喀拉墩佛像及相关文物以及吐尔地阿吉庄园就不是Z老师的强项。所以，自课程准备之前，Z老师分别和历史、艺术教师进行了广泛的交流，查阅很多相关材料，最终弄清楚中原和西域文明的融合特征和相关物证。没有合作的同事，没有合作的地域资源，特色课程在开展较大规模的活动、文化课程中就可能会遇到较大的障碍。

4.引领教师培训，创设适当的校园环境

特色教师的培训不同于一般的教师专业化培训，它更多的是就教师的特色课程建设能力有计划地对特色教师进行一系列的培养和训练。教师专业技能培训更多的关注教师的学科特点、课程教学理论、教育学、心理学基本理论。它有可能是政府行为，也有可能是学校行为。特色教师的培训主要内容涉及教师的课程编制能力、实施能力以及评价方法等方面，重点是要形成教师开发特色课程的相关能力。又由于特色课程主要是以地方课程和校本课程为落脚点，因此，它大部分是由学校或地方政府组织实施的。在学校这个层面上，它可以成立一支由校长领衔、组织健全、分工明确的特色课程研修队伍，有计划、有步骤、有主题、有针对性地就特色课程相关问题开展活动。也可以采取"走出去、请进来"的方式，学校可以组织学校教师去特色课程建设有经验的地区考察学习，也可以从高校邀请相关特色课程的专家学者来学校讲学，和教师座谈，这样的活动可以增进教师对特色课程内涵的理解，也能在这样的过程中增强自己的课程开发能力。同时，也可以用市场的方法来做培训，加强对教师需求的分析，树立为教师服务的思想，从而提供高质量的教师培训课程。将教师培训市场向社会开放，由政府向学校发放"培训券"，再由学校向社会培训机构购买相关培训服务。此外，学校还可以通过各种奖励措施鼓励教师参与特色课程建设，并在课程建设中逐步成为一名名副其实的特色教师。

美国学者特拉弗斯说过，教师角色的最终塑造必须在实践环境中进行。[①]同样，特色教师也是需要在一定环境中成长的。学校的管理制度、管理方法、人际关系、学术氛围以及物质条件，包括校舍、教

①任顺元.学校特色与特色学校建设[M].杭州:浙江大学出版社,2010:142.

学设备、仪器、活动场所、图书资料等，是特色教师成长的环境因素，它们对特色教师的成长有着重要的影响。作为学校，要尽可能为教师创造相对宽松的环境，构建和谐校园，实现人性化管理，实施民主化、人文化的教师评价制度，并营造教研、科研、学术的良好氛围，催发教师的工作热情和创造力，缓解教师工作压力，为教师的特色成长创造条件。

三、高中特色课程场馆建设

再好的特色课程方案也必须有相应的硬件措施作保障。高中特色课程涉及诸多的活动课程和拓展课程，没有可靠的硬件，特色课程实施就会受到一定的影响，甚至无法开展。这方面无锡锡山高级中学做得比较成功。[1]2011年锡山高中成为江苏省语文课程基地，为了实现语文基地建设的"用改变的环境改变师生"理念，完成语文课程基地建设根本任务——改变教师的教学方式和学生学习方式，学校投入大量的经费从两个方面做努力。一是就语文学科的特点，改变阅读环境。学校秉承"培养终身阅读者"的语文理念，建立了图书馆浅阅读区（学生不需要任何借阅手续可随时进入阅读）、新华书店阅读区（学校有新华书店进驻，学校另辟一个区域供学生阅读，不一定购书）、班级书屋（学校在高中三个年级和国际部建设70间班级书屋，每间书屋配置自然和人文科学领域书籍300本，未来规划书籍500本），方便学生随时就近根据自己需要自由阅读；二是增加体验性的学习环境，像实验剧场、演讲厅、辩论厅等都是强调体验性学习环境的改变。学校提供给学生的这些场馆，固然是增加他们的体验性实践活动，但更重要的是结合语文"表达交流类"文本教学的需要。锡山高中语文特色课程有演讲课、现代诗歌诵读课、问答课等活动体验课，演讲厅为这些体验课程开设提供了必要的场馆。同时，锡山高中还组织了现代诗歌暨原创诗歌诵读、话剧汇演、读书征文、演讲比

---

①唐江澎.学校，一个学习的地方[M].北京:首都师范大学出版社,2014:65.

赛、辩论赛等一系列语文特色课程实践活动，这些活动改变了学生学习活动和教师的教学活动，取得了丰硕的成果。而这些特色课程成果的获得当然离不开学校对相关场馆建设的投入。

四、学生指导制度常态化

要建立起行之有效的高中特色课程体系，必须从根本上改变传统意义上教师至上、教材至上的教育思想，把教育服务于学生、正确的引导学生成才、成人作为学校教育的根本诉求。华东师范大学崔允漷教授在《全球视野下我国普通高中课程改革的对策思考》一文中明确提出要建立和健全学生生涯辅导制度，加强学生兴趣引导，开设兴趣探索课程。[①]为此，建立与高中特色课程相配套的高中学生指导制度已经成为必然。

(一)高中指导制度的必要性

学生的发展指导，近百年来一直和高中的发展如影随形，时至今日，已经成为世界各国高中的一项基本职能。早在1888年，美国的梅里尔在旧金山柯斯威中学尝试开展职业指导工作。1904—1906年，被称为"公立学校职业指导制度之父"的韦弗更是在纽约市各个学校实施"同伴咨商课程"，开拓性地把职业指导和学业联系起来。1917年，美国国会通过《史密斯—休斯法案》(《职业教育法案》)，规定政府拨款支撑和促进中等职业教育的发展，中学开设职业指导课程，从法律上认定了职业指导在中学教育的地位。20世纪70年代，生涯教育成为美国教育改革的热点，直到2004、2008年，美国NCDA分别颁布了"国家生涯发展指南框架"和生涯发展几个阶段文件，更多地体现了美国强调面向学生的生涯指导。除此之外，英国、韩国乃至香港地区都十分重视学生生涯指导。[②]总之，当代教育的一个核心思想就

---

①崔允漷.全球视野下我国普通高中课程改革的对策思考[J].教育发展研究,2013,(18).

②霍益萍,朱益明.普通高中学生发展指导研究[M].上海:华东师范大学出版社,2013:26–28.

是在教育过程中不断为个体发展提供支持、帮助、指导等服务，使个体的未来生涯更有价值和意义。同时，现代学校教育不仅仅是传授相关知识，同样也需要给学生生活和生涯发展提供指导，以促进学生全面发展，适应未来社会的需求。究其必要性，主要表现在：

1. 高中性质及培养目标的改变

长期以来，我国的高中一直被视为高等学校的预备机构。用"升学或就业准备"这一外在工具价值作为界定高中性质和讨论高中改革的思维方式也几乎没有改变。学校和社会忽略学生在普通高中三年的实际收获及其成长价值，以升学率论成败已成为我国高中的一个痼疾。2000年以来，国家明确将高中归入基础教育范畴，把普通高中定性为九年义务教育基础上进一步提高国民素质、面向大众的基础教育。这样的定性就是要强调它是一种基本的学习需要，承担着为所有学生提供走向社会必不可少的共有元素的任务，需要为学生今后的学习和生活打下坚实的基础。当然，高中也是学生不同个性和才能开始显现与发展的时期，也是学生决定自己今后不同道路的关键期。因而，面对这些不同，高中教育既要强调基础性，又要兼顾学生个性发展；它既是基础教育，又非义务教育；既是终止型的，又是准备型的。作为多个矛盾使命的结合体，要在不同之中寻找平衡，通过提供多样化的教育为不同的学生做准备，是普通高中教育不可或缺的内容。而实现这种基础型+选择性的教育，必要的学生生涯指导是必须面对的。

另一方面，普通高中培养目标随着知识经济的到来也发生了很大的变化。当前高中教育事实上已经从面向精英转向面向大众，高中毕业成为整个社会人群的基本学历以后，高中人才规格和培养模式必须实现根本转变。为此，我国《国家中长期教育改革和发展纲要（2010-2020年）》明确指出要全面提高普通高中学生综合素质，推动高中多样化发展。普通高中是学生才华显露、个性形成、多元发展的重要阶段，高中教育在面向全体学生基础上，尊重差异、鼓励多元，为才能各异或具备不同潜质的学生提供多样化和差别化的成长通道和发展指导，是以学生为本的教育理念和教育公平原则的重要体现。对提升普通高中人才培养质量具有重要意义。

2.高中学生的特点

普通高中教育转为面向大众，带来了普通高中学生人数的增加。"十一五"以来，我国高中阶段教育在校生规模在较大幅度增长后目前基本保持在4600—4700万人。2011年我国高中阶段在校生规模为4678.2万人，其中，普通高中在校生规模达到2454.8万人。[①]学生人数的增加，必然导致学生及其价值观之间的差异增多，学生进入普通高中学习的目标也趋于多样。尤其是在社会阶层分化显著呈现，家庭经济条件差异不断加大、学习与教育渠道日益丰富的背景下，并非每个高中学生或者家庭都将个人的未来发展寄希望于高考和进入大学。普通高中学生对普通高中教育的理解与教育目标的定位正在趋于理性、客观和正确。

另一方面，当代高中学生的个性也是非常丰富的。如今的高中学生在思想上较为成熟，教育认识与社会理解等方面和以往的学生都有所不同。比如，强调自我、张扬个性、寻求平等、喜欢变化、保持独立等个性特点，在如今的高中学生群体中相当普遍。不可否认，学生的个性有积极的一面也有消极的一面，研究高中学生相关的个性特点，是高中教育与指导重要内容之一。教育工作者要认真客观地了解和分析学生的个性特点，并将它们转化为教育与指导的基础和资源。

总之，高中学生需要指导，一方面是因为高中阶段是他们很多重要行为行程的关键期，诸如智能发展、学业进行、人际关系、价值观确立和社会规范的养成等；另一方面，高中阶段又是学生人生一个十字路口，对社会的无知、迷茫和困惑，需要他们由来自学校的成人指导，帮助他们找到自己在社会、工作和生活中的位置，学会规划和选择，并能为自己的选择承担责任。

---

①霍益萍，朱益明.中国高中阶段教育发展报告[M].上海:华东师范大学出版社,2014:12.

(二)高中指导制度的内容

我国高中学生指导制度起步较晚,国内高中启动高中生发展指导的地区主要集中在一些经济发达地区的重点高中,一些薄弱地区还未能开展高中学生发展指导制度。归纳国内有关高中生指导制度内容主要集中在三个方面,即学业指导、生涯指导和生活指导三个部分。

1.学业指导

随着学生指导的专门化,学业指导成为一项与教学紧密联系但又相对独立的教育形式。学业成功、升学一直是国内高中学生的首选目标,概括来说,学业指导主要有以下几个方面:一是学习目的和学习态度指导。帮助学生明确学习目的,识别导致学业成功的态度和习惯;二是学业计划和时间管理指导。主要是帮助学生找到适合自己且具有挑战性的学习目标。合理安排学习时间,自己制定学年、学期学习计划并付诸实行;三是学习方法和考试技巧指导。帮助学生寻求适合自己的学习风格和方法,在考试之前做充分的心理、技巧的准备;四是选科和选课指导。帮助学生根据自己的志趣、特性、专长选学理科或文科以及选修学校开设的课程,同时指导学生在学习中发展自己的兴趣和特长。

2.生涯指导

"生涯"概念最初与"职业""工作"联系在一起。台湾学者黄中天博士在其著作《生涯规划概念—生涯与生活篇》中整理了国内外14种生涯的定义,最后概括出生涯的四种特质:终身性(一个人一生拥有各种职位的角色)、综合性(一生中所有职位与角色的综合)、企求性(个体所希望的适合自身特质的)、工作性(个人生涯是以工作为中心的)。[①]我国《辞海》有关"生涯"的解释有三种含义:一生的极限;生活;生计。由上可知,生涯其实是和生活、生计和工作相关。

高中阶段学生面临着人生第一次重大选择,不仅要在升学和就业之间做出选择,还要考虑毕业后上什么学校、学什么专业乃至从事什

---

①霍益萍,朱益明.中国高中阶段教育发展报告[M].上海:华东师范大学出版社,2014:44.

么职业。这种面向未来的人生规划，和高中生正在形成的世界观、人生观、价值观联系密切，也和他们当下的学习实务紧密相关。他们需要考虑选修什么样的课程？分科是学理科还是文科？怎样通过自己的学习和努力实现自己的人生规划？这些需要高中生自己去思考、探索、选择，也需要成年人的指导和帮助。生涯指导的内容主要有：生涯规划指导（帮助和指导学生根据自己志趣、个性、专长订立事业目标，制定生涯计划，并根据实际情况调整目标和计划）、职业定向与就业准备指导（帮助和指导学生进行职业探索，了解新型职业和未来职业，根据自己的兴趣及能力逐步明确自己未来职业方向和范围，深入了解适合自己的职业的要求、状况和入职技巧）、升学定向和升学准备指导（帮助和指导学生进行中学后教育探索，了解国内外大学系科和专业设置，选择适合自己的大学，为上大学做准备）。生涯指导在帮助高中生完成第一次人生重大选择上起着不可替代的作用。

3.生活指导

指导学生认识和明了生活的意义。普通高中学生正处于成长与成熟的变化期，必须增加其对真实生活的感受和认识，必须使学校教育与生活现实紧密联系起来。美国教育学家杜威认为"生活即教育"，"教育即生活"。①从学生发展的角度来看，在高中学校中为学生提供生活教育与指导，是符合高中教育的目的的。这种生活的指导，有助于帮助学生明白个人发展的意义，有助于学生形成科学的生活习惯、正确的生活态度和健康的生活行为，促进个体生涯的发展。它的主要内容是指导学生认识和明了生活的意义，尤其是认识青少年时期的生活对于未来生涯发展的价值，引导和帮助学生形成一种正确的、科学的和健康的生活观，尤其是认识高中学习的生活意义。比如北京理工大学附属中学将学生生活指导定位于帮助学生形成良好的生活习惯，塑造学生积极向上的自我形象，提升学生自我领导能力，促进身心正常发展，塑造健全人格，适应学校学习生活与社会生活。分别从生活习惯指导、心理调适方法指导、学校生活适应指导、困境应对和技能

①王天一，夏之莲，朱美玉.外国教育史[M].北京：北京师范大学出版社，1993：204.

指导、沟通技能指导以及领导和组织能力发展指导几个方面来实施。

（三）高中指导制度孕育特色课程

高中指导制度和高中特色课程两者的关系可以说是相辅相成的，一方面，高中指导制度的学业指导、生涯指导以及生活指导需要经由相关的学校特色课程体系加以实现；另一方面，高中特色课程体系也是高中学生指导制度的一个良好的实施平台。

首先，从学业指导的角度看，我国的高中课程改革设置了三级课程的课程模式，学校的课程除了必修课程以外，还增设了许多选修课程。这些选修课程往往也是高中特色课程的一部分，要实施这些相关的特色课程体系，离不开学校的学生指导制度。按照学者石鸥的观点，特色课程应该包括对国家必修课程加以特色化实施的课程方案，这部分课程方案往往是学校制定的，它就需要给予高中学生适当的学业指导才可以让学生真正找到适合自己的学习计划。现在的普通高中课程实施要求采取学分制、走班化，没有适当的学业指导，学生很难决定学什么和怎么学，走班化也很有可能成为一种形式，学生的个性化课程方案也就无法实现。在这个方面，上海育才中学的"学程"方案和"个性化课表"方案值得借鉴。

所谓"学程"方案主要是针对国家规定的必修课程，以课程内容、课程水平、课程学习时间、课程学习进度的可选择性作为依据，近似于灵活的学分制。它是该校新课程体系的核心，学生对课程的接受方式是以"学程"形式呈现的。[①]学校根据学生学习规律、学科内在结构特点，将每学期灵活划分成若干学习阶段，称之为"学程"。目前，该校设计每学年6个学程，每学期3个学程，高一、高二两个学年，共计12个学程。一个学程的教学时间基本为6周，其操作的基本要点是：一个学程完成若干门学科各一个模块学习，不同的学科设计不同的学程数，若干不同的学科在同一学程中的课时数相同。"学程"的设置，可以提高课程内容的适切性，保障课程组织的灵活性，

---

①陈青云.段力佩与育才中学[M].上海:上海教育出版社,2013:113-114.

将原本分散在几个学期学习的课程设置地相对集中，提高学生学习的效率与学习积极性。学生可以自主选择思想政治、历史、地理、生物、信息科技等学科类课程的学习时间，从而减少并行学科学习的"精力分散"的状况，大大减轻学生过重的学业负担和心理负担，提高学习效率。

"个性化课表"方案主要是赋予学生课程选择权。每一位学生都应该学会独立思考，对自己的行动做出选择、判断和决策。学生课程表的个性化集中体现在选修课程和自主发展课程中，学校每学期都要开设50门选修课程供学生选择，内容涉及自然科学和社会科学的各个方面。学生可以根据自己的兴趣、爱好、特点以及相关课程信息，确定自己要学习的课程和学习进程，形成个人学业规划。真正让学生体会到"我的课表我做主"。

上述有关"学程"和"课程表个性化"方案，其实都是学校根据学生的时间情况为学生提供学业指导的相关办法，从特色课程的角度来看，基本上属于课程的特色。

当然，高中特色课程还包括校本特色课程以及相关学科特色化实施。无论是哪一种样式也都和学生学业指导息息相关。比如说学校特色课程中的体育、美术、音乐、手工或劳技等众多的非学术科目，这类课程的实施主要不是依靠教学，而是指导和训练。至于特色课程中的相关活动课程，更是要通过训练和指导来实施。因为活动课程从学生的兴趣或需要出发，以学生的经验为基础，教师在课程实施过程中必然以学生及其活动为中心，根据实际的情况给予必要的帮助和指导。指导可以说是活动课程实施的主要途径。再者，教师特色化的学科教学更离不开指导。现代学科课程内容丰富，要求多且高，仅仅依靠教学是难以达成课程目标的。在学科课程的实施过程中，学业指导不仅是教学的补充和延伸，还具有独特功能，在帮助学生完成学业和实现个人发展中发挥着教学所无法替代的作用。比如说当作为一个特色教师在课程教学过程中，你使用多种方式进行课堂教学，你可以通过问答法、讨论法、读书指导法、参观法、实验法、发现法或探究法等等，并使这些方法形成自己的特色，但其实无论你使用哪一种方法，都离不开对学生的指导。那些方法与其说是"教学"，倒不如说是"导学"。同时，在分层教育制度中，教师既要组织和指导不同小组的学生共同学习，也要对学生进行个别化的学业辅导，还要帮助和指导学生对自己的学业进行动态评估，灵活地在不同层级的学习小组之间进行流动，以便在最适合自己能力水平的小组内进行学习和探究。可以这么说，任何教师的特色的课程实施方法都离不开学生，离不开对学生学业的指导。

其次，从生涯指导这个角度来看，高中生涯指导孕育了特色课程，而特色课程又是生涯指导的具体表现。生涯指导是根据高中生心理特征和成长规律，指导学生进行生涯规划，帮助学生寻找未来的方向。北京理工大学附属中学除了开设生涯规划必修课程外（诸如认识自我、了解社会职业、了解受教育程度与未来职业的关系、选择和确定人生目标、制订行动计划等），还开设了一大批具有特色的校本课程。比如根据学生需要，建设包括"生涯规划""学生公司""青年理财""经济社""服装设计与表演"在内的校本选修课程，并由专业心理老师、研学老师和政治老师等担任课程指导教师。2013年，该校还与首都师范大学合作开发了"生涯探秘"选修课，开设了"学生公司"特色选修课，建立了JA学生公司社团。课程内容是由来自世界500强跨国企业的精英组成JA商业志愿者，给学生提供最实际的商业教育。学生在商业志愿者的指导下创办一个学生公司。学生发售股票，召开股东会，竞选管理人，生产和销售产品，财务登记，开展评估，清算公司。通过学习和实践，学生不仅学到了商业运行的方式，还了解了市场经济体系的结构和它所带来的效益，学会了如何创造财富并有效地管理财富，使用信息，思考并解决问题。同时该校还开设一系列研究性学习活动特色课程，内容涉及走访大学、调查职业现状、寻找偶像，访谈专家、撰写"我的生涯规划"研究报告、结题答辩，认定学分。①这些生涯指导的特色课程，既满足了学生的兴趣，也锻炼了学生的能力，为他们日后的职业规划做了相应的准备。可以说，生涯指导孕育了学校的特色课程，特色课程又反过来促进了学校的生涯指导计划。

再次，生活指导也是"普通高中学生发展指导"的一项重要内容，目的是为了促进学生的个性发展和社会性发展。个性发展通常包括自我概念发展、兴趣与特长发展、问题解决、自我反省、学校生活适应、卫生健康、心理调适指导等。社会性发展包括社会生活规范、人际关系、沟通交流、合作与团队精神、领导力等5个方面。每一项个性或社会发展都是高中特色课程展示的平台。比如，福州一中在自我概念发展这一领域，以多种形式的主题班会、课外讲座等引导和帮助学生逐渐树立自己的理想、信念、人生目标，使学生拥有积极的人生态度，明晰自己的价值观和是非标准，正直地为人处世。学校曾邀请新东方创始人俞敏洪为师生做了《激情海西·梦想东方》的演讲，还组织学生开展"生命诚可贵责任价更高——洪战辉与福州一中学子面对面"等活动。②在兴趣和特长的发展方面，很多高中更是利用学校各种社团，开设一系列的特色活动课程。例如上海市育才中学制定了《上海市育才中学社团管理办法》，学生社团活动突出学生的主体性，强调学生自我组织、自我管理和自我发展。社团不再是简单组合的学生群体，而是越来越趋近于校园文化中心。从2008年开始，学校开始举行以"科技文化节"和"体育文化节"为核心线索的系列主题性教育活动，营造高雅的校园文化氛围，影响和引领学生的行为习惯。同时，学校开设了T.P.C（Think、Practice、Create）领导力训练营，聚焦中学生领导力开发的训练营，让学生体验到自己在团队合作能力与个人领导能力的提升。③总而言之，有关学生生活指导的内容

①黄向阳，王保星.普通高中学生发展指导实践案例集[M].上海：华东师范大学出版社，2014：55.

②黄向阳，王保星.普通高中学生发展指导实践案例集[M].上海：华东师范大学出版社，2014：71.

③陈青云.段力佩与育才中学[M].上海：上海教育出版社，2013：186-187.

其实很多方面可以通过高中特色课程的形式加以展示，系列化的高中特色课程可以涉及学生个性兴趣、心理特征、学校文化甚至区域特征，目的就是通过这些特色课程的建设，引导高中学生形成正确的人生观、价值观，养成良好的心理状态。

第六章　高中特色课程建设反思与借鉴

一、普通高中特色课程建设困境及对策

结合本研究在国内M市调研的情况以及与韩国高中相关情况的比较，发现国内的高中特色课程建设还存在一些比较突出的困境，主要表现在以下三个方面：

(一)亟待改变的高考评价制度

自1978年我国恢复实行高考制度以来，高考竞争选拔性考试的性质一直没有发生变化。长期的选拔性考试制度已经在教师、学生甚至家长心目中造成了比较负面的影响。依据本研究在M市有关高中特色课程建设的问卷调查结果，高达67.3%的高中学生把自己高中毕业后的人生规划定位在选择一所好的大学深造。似乎在这些高中学生眼里读高中的目的就是为了考上一所理想的大学，却忽视了高中学习生活除了考大学以外的其他因素，忽视了生活的本身，忽视了情感态度甚至社会。这种异化的近乎于现代科举的高考制度不仅影响了学生，教师也迫于社会、家长的压力，片面追求高考升学率，甚至出现了与高考不相关的科目几乎成为一种摆设的现象。教师开发的相关学科选修课程无不和高考相关联，教师也安排大批量的高考训练题来占据学生应有的休息生活时间，模拟考试和排名次几乎成为高中教师的家常便饭，教师教得苦，学生学得累。不仅如此，目前国内普通高中很多学校开设的艺体类特色课程其实就是间接提高升学率的一种方法。这些学校无法和重点高中比生源，只有在艺体考试上和重点中学比拼一下，借此提高学校的高考升学率。还有些学校在高三取消了学校本应

正常开设的体育课，完全以高考的训练取代学生的一切生活。尽管我们课程计划一再强调要注重学生个性化全面发展，但现实是高考这一指挥棒完全消解了我们的教育方针政策，高中教育出现了只见高考成绩不见人的发展现象，并且已到了非改不可的地步。高中特色课程建设的初衷是美好的，但仍然还是用旧有的高考评价模式，必将使得高中特色课程建设成为纸上的蓝图，现实的摆设。没有配套的高考评价制度作保障，要实现高中特色课程建设的目标是相当困难的，尤其在一些中小城市和乡村普通高中。

那么就如何改革高考评价制度这个问题，本研究认为可以从以下方面来尝试：可以在高考评价机制中增加学校内部评价的权重，并以此带动高中特色课程建设，有效地保障学生全面而个性化地发展。教育部下发了《教育部关于加强和改进普通高中学生综合素质评价的意见》（教基二［2014］11号），规范了评价内容包括思想品德、学业水平、身心健康、艺术素养和社会实践，并在评价程序中重点阐明了评价手段主要是通过学生档案袋记录的方式，要求教师要在学生毕业时的自我陈述报告中附有评语并佐以事实材料以及相关证明。教育部指出学生的档案袋材料提供给高校招生使用，作为招生录取的参考。但具体到这些档案袋材料所占的权重和实施的细则没有相关措施来体现。上海市政府虽推出了《上海市深化高等学校考试招生综合改革实施方案》，构建了高中学生综合素质评价制度，启用了高中学生综合素质评价信息化平台，指出2017年起，推动高中学生综合素质评价信息在自主招生等环节中开始使用。但这也仅限于高等学校自主招生，具体使用办法由各个高校自己制定、实施。

由上述我国高考机制的变化可以知晓，尽管我国开始着手改变以往"一考定终身"的高考评价制度，启动了学生综合素质评价机制，但总体上才开始起步，涉及高中学校层面上的评价权重还比较少，这样一来，高中学校还是很难通过高考评价机制的改变来带动学校特色课程的发展。就算是上海市学生综合素质评价信息化平台把学生自我介绍、军事训练、农村社会实践、国防民防活动、党团活动、先进个人荣誉称号、违纪违规情况、基础型课程成绩、拓展型和研究型课程学习经历、研究性学习专题报告以及学校特色指标等内容都纳入评价的内容当中，也只能作为高校自主招生的参考。很难想象一些只能作为高考评价参考的科目会受到学生及学校的重视。相反，韩国基于以往高中内审制度（高中内审成绩占30%）基础上，实施了代替内审制的综合生活记录簿形式，综合生活记录簿不仅记录了考生在高中的各科成绩，还记录了各种社会义务活动、获得的资格证、获奖经历及品行等情况，2002年韩国开始实施大学能力考试、学校生活记录簿、论述、推荐信、面试并行的多种遴选招生制度。它使得高中生活记录簿直接加入到大学考试录取的项目之中，无疑增加了高中对高考评价的权重，也便于中学合理开设相关特色的课程，确保高中教育的良性发展。

（二）有效投入解决高中办学资源不足

在M市普通高中特色课程问卷调查的结果中，有42%的学生和41.3%的教师认为影响所在学校特色课程建设的主要原因是学校办学经费不充足。

《教育规划纲要》提出，普通高中实行以财政投入为主，其他渠道筹措经费为辅的机制。2011年，国务院也出台了《关于进一步加大财政教育投入的意见》等文件，各地根据本地区教育事业发展需要，大幅度增加教育投入。但仍有部分省份公用经费支出占生均公共财政预算事业费支出比例较低。据统计，2011年全国地方普通高中生均公共财政预算公用支出为1683元，比上年增长了57.4%。2011年，中部地区地方普通高中生均公共财政预算公用支出为1329元，增幅最大，比上年增长了71.4%；西部地区为1611元，比上午增长了58.6%；东部地区为2175元，比上年增长了48.6%。分省来看，全国有21个省份生均公共财政预算事业费超过5000元，其中北京、上海超过20000元，西藏、新疆、内蒙古、江苏也较高。相比较湖北最低，为3424

元，不足全国平均水平的六成。[①]这样的一个生均比例还是远远不够的。

韩国教育财政经费一般可分为中央政府教育财政、地方政府教育财政和私立学校财政资金三大部分。韩国的教育资金由中央政府统一筹措，政府拨款占整个教育预算的绝大部分。韩国高中、大学和专科学校所需要的财政支出主要有中央政府、地方自治政府和受教育者个人共同承担，其中70%—85%来源于中央政府。[②]从历年统计数据来看，韩国的教育财政投资变化呈逐年稳定增加趋势。大田广域市2014年财政情况我们大致可从下表知晓：

表13：2014年韩国大田市教育投入财政情况

（2014基准，单元: 亿韩元）

区分		金额	比率
岁入	中央政府补贴收入	12,189亿	79.2%
	地方自治团体及其他补贴收入	2,326亿	15.1%
	自行收入	410亿	2.6%
	地方教育债	270亿	1.8%
	结转金	199亿	1.3%
	计	15,394亿	100%
岁出	幼儿及小、初中教育	14,794亿	96.1%
	终身 职业教育	29亿	0.2%
	教育一般	571亿	3.7%
	计	15,394亿	100%

而该年份幼儿及小学、初高中在校学生人数为：

---

①霍益萍,朱益明.中国高中阶段教育发展报告2013[M].上海:华东师范大学出版社,2014:24-25.

②艾宏歌.当代韩国教育政策与改革动向[M].北京:社会科学文献出版社,2011:6-7.

表14：2014年韩国大田市幼儿园、小学、初高中学生数量统计表

（2014.4月教育统计为基准）

学校区分	学校数量			学生数量		
	公立	私立	计	公立	私立	计
幼儿园	90	170	260	4,049	21,243	25,292
小学	143	2	145	91,754	1,350	93,104
初中	72	16	88	53,119	6,594	59,713
高中	34	28	62	35,084	26,773	61,857

本研究粗略地计算了一下，估计上述生均财政支出折合人民币35000元左右，扣除物价等相关因素，这样的投入远远高出国内的大部分地区。尽管国内存在少数地区还没有解决温饱问题，地方经济发展也不平衡，而且国内的教育基数远远大于韩国这些国家，但增加教育经费投入这一利国利民的措施必须引起高度重视。教育是一项投入快、收效慢的行业，但一个国家要想有长足的发展，要想有足够的人才做支撑来维系经济乃至国力的发展，教育是其保持后劲的基本动力。

普通高中特色课程建设必然需要一定的财政支持，如课程的开发、资源的整合、师资的培训、场地的建设以及活动课程器材的购置和特色课程的推广等等，无论哪一项都离不开经济。本研究认为，各级政府及相关高中学校，都应该根据办学条件基本标准和教育教学基本需要，来指定区域内各级学生人均经费基本标准和学生人均数拨款基本标准。甚至考虑到高中特色课程建设需要，可以设立专项经费加以扶持。国内上海市黄浦区教育部门在制定《上海市黄浦区中小学特色课程实验管理办法》中第六条中明确提出，设立黄浦区中小学特色课程建设专项基金，为特色课程建设工作提供经费保障。[①]这一合理且有效的措施值得国内其他地区学习借鉴。

---

①邢至晖,韩立芬.特色课程8问[M].上海:华东师范大学出版社,2013:199.

(三)合理利用课程资源

在 M 市做问卷调研过程中，有63%的学生选择所在学校的特色课程主要表现在必修、选修课程制度建设，34.7%选择最感兴趣的特色课程是人文课程；近30%的高中教师选择必修、选修课程特色化实施为学校特色课程最有效的途径，62.6%的教师选择人文课程是选修课程中最能表现特色课程的科目，仅有3.2%的教师选择大学先修课程。根据上述调研数据，我们大体可以知晓，国内的高中特色课程在利用课程资源上相对比较窄化，主要集中在国家规定的必修和选修课程之中，尚未有比较合理的利用课程资源开发地域性和校本性的特色课程，尤其在利用高校资源这一层面还显得比较薄弱。究其原因，主要是我国高校一般相对集中在大城市，小城镇及农村地区没有可利用的高校资源；另一方面，纵然是有可利用的高校资源，也主要集中在一些专业讲座和心理辅导相关的课程，没有更深入地和高校融合，开发有利于高中学生学业、生活及生涯指导课程。造成这一现象的原因不能一概而论，但总体上可能与我国现行高中培养目标单一化（主要是高考升学）以及高中开发特色课程经费短缺有关。

《国家中长期教育改革和发展规划纲要（2010—2020年）》明确指出，高等院校、科研院所、博物馆等社会资源要积极向学生开放，支持学校开展生动活泼、形式多样的教育教学学习活动，鼓励和支持有条件的普通高中与高等院校、科研院所合作，开展创新人才培养和试验，共同实施普通高中创新人才培养计划。国家设立专项经费，鼓励和支持普通高中、高等院校、科研院所与校外教育机构设立面向普通高中学生的专项研修平台，并提出开设大学先修课程，供优秀高中生选修。[①]加强普通高中和普通高等学校及职业高等学校的联系，尝试建立和健全高中教育与高等教育衔接的机制，鼓励试验高等学校对普通高中的课程下移和学分认可，在普通高中开设大学先修课程，给学生更充分的尝试选择自己发展方向的机会，强化学生的专业发展志

①顾明远,石中英.《国家中长期教育改革和发展规划纲要（2010—2020年）》解读[M].北京：北京师范大学出版社,2010:121.

向和专业兴趣，鼓励优秀人才尽早脱颖而出。有鉴于此，可以认为，在有条件的地区，合理利用高校资源来开发高中特色课程不失为一种较好的举措。大致可以有两种可行的模式：

一是开发中国自己的大学先修课程。AP课程其实也不是一个新名词，它是 Advanced Placement Program 的缩写，译成中文应该是大学预科课程或大学先修课程。2013 年 1 月 17 日，北京大学召开新闻通气会，正式宣布应全国部分中学要求，将与中学合作试点开设"中国大学先修课程"（AP课程）。其实，北京大学在国内不是第一个"吃螃蟹"的学校，早在 2007 年，上海中学国际部就向美国大学理事会成功申请为 AP 认证学校，并在 10 年级开设 AP 预备课程，在 11、12 年级开设 AP 课程。除此之外，一些国内高校还与中学联手举办创新实验班，进入这一班级的学生可以提前选修部分大学课程，作为学生申请大学自主招生的依据。2013 年 1 月 17 日，北京大学召开新闻通气会，正式宣布应全国部分中学要求，将与中学合作试点开设"中国大学先修课程"（AP课程）。美国的 AP 课程开设已经经过了 60 多个年头，无论在课程管理、课程内容、课程实施、课程评价上都具备了较为成熟的经验。国内的 AP 课程刚刚起步，有很多东西我们必须借鉴国外的经验以便于少走弯路。切实办好 AP 课程有助于我国高中课程改革课程建设的多样性、选择性和个性化，促进高中多样化、特色化发展，同时也有助于高校和高中的课程教学的有效衔接。综观两国的 AP 课程的开设，我们可以就以下几个方面加以借鉴：

其一，在课程管理上，我们应该学习美国由社会中介机构——大学理事会来操作具体的 AP 课程，而不应该有几个或某几个大学、中学主导。这样做的好处在于可以整合国内大学的课程资源，提供更丰富的课程科目和师资，便于 AP 课程学分置换，同时也便于给大多数学生以公平的选择机会。可以这么说，承认课程的大学越多、选择选修的学生越多，这样的课程体系生命力就越强。

其二，在课程内容的选择上，我们也可以效仿美国 AP 课程分类的方法。美国按照学科的性质把 AP 课程分为艺术类、英语类、世界语言与文化类、历史与社会科学类、数学与计算机科学类、自然科学类六个大类，每个大类又设置相关的一些科目。这样的课程分类设置有助于给不同兴趣的学生提供一个可供选择的方向，尤其在目前国内高中学生发展指导制度尚未成熟的基础上，给学生未来专业发展提供了一个选择性平台。当然，我们还可以参考浙江省教育厅的做法，再附加上职业类甚至更多的类别，因为考不上大学的学生还要面临以后走向社会的择业过程，增加职业类 AP 课程的开设，有助于学生学习一技之长，高中毕业后更好地融入社会。

其三，在实施过程中，我们可以借鉴美国对教师、学生两个教学角色做相关的设定。教师层面上，可以对执教 AP 课程教师的资格设定一定的标准，比如可以要求这些教师执教之前自拟并向网站上传该门课程教学大纲的电子版本，这样经过一定的审核才能保证教学的质量。还可以组织相关教师每年参加 AP 课程教师培训活动，就教学方法、课程改进进行研讨。这样做既为大学教师和高中教师协作搭建了桥梁，也便于同一科目的教师取长补短，改进课程教学的方法。而对选择 AP 课程的高中学生，我们可以设定在高二学段之后，这是因为 AP 课程学习需要一定的基础。但同时在面向学生层面上我们可以放得更宽，只要是高中的学生对 AP 课程有兴趣、有潜质都可以选择参与，这样才符合公平的准则。当然，课程类别、科目必须多样，从某方面来说，多样性是选择性的必要基础。

其四，就 AP 课程的评价机制我们还要做统一性的思考。像国内这样只是个别高校或几所高校开设 AP 课程并以考核的成绩作为自主招生重要的参考依据，必然会导致只有报考这些院校的学生才对这些开设的科目感兴趣，其他的学生会觉得事不关己。长此以往，开设这些课程就不符合我国高中课程改革选修课的初衷，课程的生命力也值得怀疑。我们不仅要学习国外把统一评价的考试交给社会机构来系统操作，还要细化 AP 考试成绩与相关大学科目学分置换的制度。这样，即便学生参加一次 AP 课程学习也可以作为全国高校录取的参照，还可以节约成本，促进教育的公平。

课程的开发需要有一个系统化的考量，要把课程管理、目标、内容、实施、评价作为必需的要素摆在课程开设中来加以考虑，而不能采取"摸着石头过河"的方式。当然我们也要考虑中国的国情，对开设AP课程的学校是否具有相匹配的教学资源、大学实验训练的各学科实验室、参考用书、课内外读物、考试费用以及学生的家庭经济情况、性别和学业负担等方面我们也要有统筹的思考。别人走过的路未必是最好的路，但别人的经验可以给我们提供相关的参照系数。

二是可以尝试与高等学校合作开发一些有利于学生专业成长和兴趣培养的高中特色课程。不必仅局限于学术讲座和心理辅导这些单一的层面，可以拓展到学业指导、生活指导及生涯规划等各个层面上，这方面韩国大田相关高中做了一些有意义的尝试，在后文将做详细分析。

二、反思及借鉴

(一)基于"多样性"抑或"特色性"的理性思考

2001年，教育部下发了《基础教育课程改革纲要（试行）》，该文件明确提出：高中以分科课程为主。为使学生在普遍达到基本要求的前提下实现个性发展，课程标准应有不同水平的要求，在开设必修课的同时，设置丰富多样的选修课程，以便于学生获得更多的选择和发展的机会，为培养学生生存能力、实践能力和创造能力打下良好的基础。这是我国高中新课程改革第一次提到课程的多样性。

2010年，中共中央、国务院印发的《国家中长期教育改革和发展规划纲要（2010—2020）》再次指出，高中选修课程的设置是高中教育课程改革的重点，是高中学生个性化发展和创造性培养的重要保证，也是体现学校特色化的重要领域。并鼓励普通高中办出特色，支持普通高中学校建立特色化课程体系，在国家课程方案的指导下，根据自身定位和本地实际，努力建设涵盖三级课程，涵盖显性与隐性课程，涵盖常规课程与特色课程的学校特色化课程体系。多角度入手，规划符合办学目标和培养目标的特色课程，发展学校的办学特色。这是在选修课程多样化的基础上提出高中特色课程体系，目的是改变高中办学"千校一面"的现象，让更多的普通高中办出特色，也同时有利于学生个性多样地发展。

但问题是，高中选修课程到底倾向于"多样性"还是"特色性"？两者之间是否有矛盾？两者之间联系何在，区别何在？不搞清楚这些现实问题，就有可能在高中选修课程设置上陷入混沌的境界，以至于徘徊于多样和特色之间却无法处理好它们之间的关系。

1.高中选修课程多样性的辨析

从社会发展的角度，20世纪末，世界许多国家都发起了面向21世纪的基础教育课程改革，发达国家如日本、法国等国在课程结构上都做出相应的调整，增加了选修课程、地方课程和校本课程。综观世界各国课改的现实，不同国家、地区高中的性质、定位和培养目标、课程设置虽有不同，但主要涉及两个方面问题，即基础性和多样化，其中多样化都得到了不同程度的重视和体现。原因是各国为了顺应信息化、国际化、多元化社会的需要，培养适应未来的合格高中毕业生，必须从课程的多样性角度来拓展学生的能力。

从课程发展的角度，鉴于当下高中教育已经从精英化向大众化转变，随之而来的培养目标也出现了相应的变化，以往那种"就业+升学"的培养模式已经不太合适当下高中的培养目标。高中教育可能更多要关注学生的基础学力和个性发展，传统的那种单靠学科教育和职业教育的课程模式已经不能适应社会发展对高中毕业生的要求。面对这样的情况，多样化的选修课程开设势在必行，因为只有依靠多样化的选修课程，才能依据不同学生的个性特点找到适合学生自我发展的未来之路。

2.课程多样性可能带来的问题

（1）课程多而无"界"。课程的多样性可以在多尔的后现代课程观中找到"影子"，多尔的后现代课程观强调课程的丰富性、不确定性和扰动性，尽管他最初的丰富性不是指课程数量上的增长，更多的指的是"适量的不确定性、异常性、无效性、模糊性、不平衡性、耗散性与生动的经验"。这里的经验还可以指课程的多层诠释、意义和问题群。但现实中很多教师甚至教育部门片面地把丰富性等同于多样性，造成了课程数量盲目地增长，以至于诸如廉政、新能源、地方戏、中医、循环经济等都进入课程领域。其实，深入思考一下，这里的"丰富"不完全指的是课程数量上的"多样"，它还包括课程意义、课程理解等其他方面。完全把课程的多样性理解成数量上的增长，很容易造成课程多而无"界"的境地。这里的"界"不是要给课程画上一个确定的边界，使课程处于一种静止不变的状态，因为课程本身就是变化的，确定性的课程很难适应时代发展的要求。但这也不能否认变化中的相对稳定，有些涉及基础共识性的课程本身就是人类智慧长期积累的结晶，是人类文化发展的一种延续，尽管它有可能也会发展、变化，但人类一致性、通约化的课程内容就应该以某种相对确定性的方式加以固定，这样做，也保证了课程内容基础型的内涵。虽然全球的文化形式多种多样，教育和课程也屡有变化，但它们仍然是以某种同位结构的方式实现。世界各国在教学课目的设置和课时分配上渐趋一致，因而，它实际上是一种共性与个性的统一。

（2）课程多而无"序"。扰动性可以说是后现代课程一个典型的观点，扰动的本质就是变化，代之而起的是一种开放的、舞蹈性的课程。扰动本身在于反对静止，提倡变化，促成课程的协商；开放则意味着多角度、多方位的接纳，反对封闭僵化的课程。两者相加，可能会造成后现代课程观对现代课程线性的、相对完整的课程秩序挑战，极易在后现代流变的课程观中抛弃一切课程的有序原则。其实，扰动和开放是否一定就要反对课程的有序性，这个问题值得商榷。首先任何事物的发展都是有一定方向的，尽管这个方向未必就是直线型的，还可能是曲线甚至反方向，但总体的方向是向前的，这一点是人类普适性的共识。各个时期课程内容的选择、课程实施方法的改变就可以证明这一共识的存在。如果课程的发展缺少了这一有序的方向性，课程本身的意义就会丧失，学校教育也会失去存在的价值。其次，现代课程在逻辑顺序和心理顺序的考量上也有其合理的意义。课程内容的逻辑顺序是学科发展历史的体现，它展现了课程内容前后相辅相成的内在关系，保障了课程内容的逻辑性和严密性，便于学习者由浅入深地掌握；课程的心理顺序主要体现了学习者的心理特征，根据学习者年龄段合理有序地安排课程内容，便于学习者由易到难地掌握课程内容。当下高中选修课程在课程多样性的倡导下，大多以模块化课程的方式选择课程内容、安排课程实施。实践过程中就出现了模块过于多杂，模块与模块之间缺少必要的联系和衔接的问题。

3.高中特色课程辨析

高中特色课程是顺应高中特色办学提出的，因为特色办学的最佳承载点莫过于特色课程。从理论的视野来看高中特色课程，至少它有以下理论基础。从教育目标来看，它切合了人本主义的教育思想，一切特色课程都是为了满足学生个性发展的需要，都是以人性为本位；从课程的内容上看，它又是加德纳多元智能理论的最好体现。学生的个性潜质是多元化的，特色课程正是基于此来开发建设的，也可以说它是因材施教的一种现代版；从课程评价角度看，它摈弃了一考定终身的传统评价模式，代之以过程性评价方式，为全面客观地评价学生、培养合格的未来社会需求的人才打下了坚实的基础。可以说，高中特色课程体现了现代社会发展以及高中从精英型向大众化转型的需要。课程的特色性可能带来的问题。

（1）特在"表象"。鉴于高中特色课程主要是改变我国高中同质化现象，鼓励高中办出特色，因而很多高中学校在开发特色课程过程中往往以学校的文化传统、区域特色作为主阵地，以项目带动学校特色课程。但问题是，学校的特色是否和学生的需求相契合，这一点值得怀疑。比如，一些学校乃至地区的文化传统已经过时，在不考虑学生的前提下开设这样的特色课程是否能够满足学生的需求？是否能够适应时代发展对未来高中毕业生的要求？学校开设的任何课程都是为教育目标服务的，其最终的服务对象应该是学生，尤其是特色化、个性化的校本特色课程。如果从学校自身角度考虑特色课程的特色性，很容易变成脱离学生的华而不实的特色课程，那些课程看起来很光鲜，其实只是满足了学校特色化的表象，没有真正起到特色课程开发的作用。这些特色课程只能是写在纸上、贴在墙上，对学生的全面发展没有丝毫的意义。

（2）特在"片面"。鼓励学校办出特色，本来是针对我国高中长期以来因升学+就业模式而形成的一种同质化的倾向。但当下高中学校特色课程建设可能因此走向另一种形式的特色课程的同质化。很多普通高中在升学这方面无法和重点高中抗衡，为了求得一席生存之地，只能在特色上做文章。目前我国的高中特色化办学，很多学校都集中在艺体特色这方面。原因很简单，既要有特色又要出成绩，艺体特色课程的设置是最好的捷径。艺体考生高考录取分数线低，学校以这些艺体课程来表现特色，可以说是双赢。但这种近乎另一种同质化倾向的课程特色，其实是选拔性教育评价的必然结果，长此以往，可能会带来资源浪费、重复建设等问题。片面化的特色课程的开发其实背离了特色课程的内涵，最终也走向人才培养片面化、同质化的道路。

（3）特在"疏离"。无论是从学校的角度考虑选修课程的特色还是从功利的角度开设艺体特色课程，其实本质上都表现在它们疏离了本该注重的服务对象——学生。因为开发特色化的选修课程主要的目标还是让学生选择个性化发展的需求成为可能，其着眼点应该是学生而不是学校或者其他。完全从学校的角度开发特色课程，其落脚点自然在学校而不在学生，疏离了特色课程的主体——学生已是必然。当然，还有一种疏离即非学校所能为，选修课程特色化（包括选修课程自身）疏离了我国现行的考试评价制度。当下我国高考评价制度尚未有效改变，任何选修课程的特色化都要受到现行高考制度的制约，原因是应试教育是我国高中教育痼疾所在，评价一个高中学校、一个高中学生的标准似乎就只有高考数量、质量，却忘记了其中最重要的部分——人的发展。这种评价制度使得特色化的选修课程成为一种应付检查的摆设，上级检查时它是"座上宾"，检查结束就被打入"冷宫",成为学校课程建设中名副其实的面子工程。选修课程特色化疏离了学生本身不是学校之过,教育主管部门必须出台新的高考评价制度才能从根本上改变这种貌合神离的状况,真正地把特色化的选修课程纳入高考的评价模式,完善我国高考评价模式。2014年国务院下发《国务院关于深化考试招生制度改革的实施意见》(国发〔2014〕35号)以及教育部颁布的《教育部关于普通高中学业水平考试的实施意见》(教基二〔2014〕10号)和《教育部关于加强和改进普通高中学生综合素质评价的意见》(教基二〔2014〕11号)三个文件正是改革现行高考评价制度的良好的开端。

4."多样性"和"特色性"内在的关系

(1)"多样性"是"特色性"的基础,"特色性"是"多样性"发展的目标。高中选修课程的开设是为了满足社会经济发展对高中人才培养提出的新的挑战。社会经济发展需要对未来人才的要求表现出全方位、复合型的特点,仅仅靠以往的职业和学科教育已无法满足现代社会对高中生未来走向社会的要求,创新精神、适应能力、合作意识都是未来高中毕业生必须具备的素质。加上学生本身的个性情趣各不相同,以往单一统一的课程有抹杀学生个性发展之嫌。所以各国在本世纪初都进行了课程变革,共性基本上都要求高中要增设多样性、选择性的选修课程。一是适应时代的要求,二是满足不同学生的不同个性需求。"多样性"是选修课程"选择性"的必然要求,没有多样化的选修课程,课程的选择性无从谈起。另一方面,"选择性"的过程其实就是课程自我完善、自我发展的过程,经过对多样性选修课程的筛选、重组,剩下的能够让学校长期作为选修课程的科目,必然也是"特色性"的课程,因而,"多样性"其实也是"特色性"的基础。同时,这一多样性选修课程的发展过程也是课程发展的必然趋势,"多样性"选修课程最终就是要实现"特色性",通过"特色化"来形成选修课程的优化,才可以顺应社会和学生的需求,实现高中课程培养目标。

(2)"多样"一定"特色","特色"则未必"多样"。按照国内学者石欧的观点，特色课程主要可以分为三类，一为学校开发的校本课程，主要课程资源来源于学校和区域相关特色领域；一为国家课程特色化实施，包括教学方法、手段、设计模式的特色化；最后是课程特色组合方案，是学校对国家规定的课程进行的重组和改造。无论是哪一种特色课程都和"多样性"有着千丝万缕的联系。校本的特色课程立足于学校和地域固有文化特色，每个地区、每个学校因其历史、传统和文化的差异，本质上是无法统一的，多样性是其固有的特性，因而，校本特色课程必然是多样的；课程实施的特色化是需要课程实施者——教师具体执行的，教师因其年龄、所受教育、价值观、性别的不同，在具体的课程实施过程中也不可能有统一性的实施办法，所谓"教无定法"应该是其中的一种表现。这也就决定了课程实施的特色化也是多样化的体现，最具特色的课程实施，往往是最有个性的，而个性化的东西也是因人而异，也是多样化的；当然，课程特色组合方案也更是多样性的，每所学校依据自己的办学特色，重组和改造国家规定的必修和选修课程，不仅允许学生选择不同的课程，而且允许学习程度也可不尽相同，这种选择性和弹性化的特色本身必然是多样化的，否则也不可能为学生提供特色化的课程平台，更不能形成学校课程方案的特色化。由此我们可以明晰，课程的"多样化"一定是"特色化"的，多样化是特色化的基础和核心。

相反，课程的"特色化"则未必一定是"多样化"的。特色课程的特色性在最初形成之前是需要多样化作为基础的，但在课程的变革过程中，最终的目的是要就课程的"多样性"逐步形成"优质化"，完成"人无我有、人有我优"的课程愿景。"多样性"可以说是"特色性"发展的一个起点，但未必就是最终的目标。特色课程中的"优质性"和"独特性"本身也和"多样性"有着某种内在的冲突，独特、优质的东西本身就个性化的，也不属于多样性的范畴。很多"多样化"的特色课程未必就是"特色化"的课程，它需要在课程变革过程中得到公众承认并显示出强大的活力，从多样性的课程中脱颖而出，才能形成自己的特色，成为优质、独特的特色课程。课程实施的多样性和课程方案的多样性，也必须在实践的过程中逐步完善、优化，形成独特的风格，才可以谈得上"特色性"。

（3）"多样性"重在数量，"特色性"则重在质量。多样性的选修课程是建立在一定数量的课程科目基础上的，没有数量上的多样，选修课程的选择性也就无法实现。无论是定位于国家课程、地方课程还是校本课程，选修课程的平台一定是丰富多样的相关课程科目的联合体。这里有学科、文化、个性、兴趣等各个方面，目的都是为学生全面发展服务，让学生有自主选择的空间。哲学上所说的"多"和"一"的关系，只讲"一"而不讲"多"，就否定了世界的丰富性和多样性；只讲"多"而不讲"一"，就否定了世界的普遍性和统一性。任何现实存在的事物，都是具体的、特殊的，是"一"与"多"的辩证统一。"多样性"并不表示无所不包，无所限制，它注定要在课程变革的过程中，经过大浪淘沙，建立起相对稳定、利于学校和学生发展的选修课程体系。这一充满选择性的课程发展过程，也就是课程"多样化"走向"特色化"的过程。因为经过课程变革优化所保留的一些优质化的选修课程当然必须具备"特色性"，"特色性"的课程本着为每个个性不同学生提供发展的平台的理念，充分考虑到学生的个别性差异，它体现了"再没有比对不同的学生按相同的要求来对待更不讲究质量的了"的精神。"多样性"的数量最终要服务于"特色性"的质量，这是课程变革发展的必然要求。

无论是课程变革趋于"多样性"还是"特色性"，其本质上都是为着一个恒定的教育目标，为学生个性化发展打下良好的基础。课程变革中的"多样性"最终需要优质化并上升到"特色化"，这是高中选修课程发展的必然趋势。

（二）中韩高中学生发展指导特色课程比较借鉴

《国家中长期教育改革和发展规划纲要（2010—2020年）》中明确提出，普通高中计划十年内要"建立学生发展指导制度，加强对学生的理想、心理、学业等多方面的指导"，并为学生提供更多的选择。这是今后一个时期全面提高普通高中学生综合素质的主要政策举措之一。其实学生发展指导制度近百年来一直和高中的发展相伴而行，早在1802年就已经在法国中学诞生，美国更是在1888年就由梅里尔在旧金山柯思威中学尝试职业指导工作，1917年，美国国会通过《史密斯—休士法案》，规定中学开设职业指导课程，从法律上认可了职业指导在中学教育中的地位。尽管我国在20世纪初也在一些中学开展了职业指导工作，但在指导职能专门化上起步较晚，高中在学生发展指导方面的工作及研究相对比较薄弱。主要局限在学校内的职业指导、升学指导和生涯规划等方面，缺少整体性的规划和成功的典型模式。尤其在借鉴地方课程资源和开发特色化的学生指导课程方面还比较单一，主要集中在专家讲座和家长辅助这些方面，鲜有系统化利用地方资源开发有特色的课程来进行学生发展指导的。

2014年笔者因国际交流项目，有幸成为韩国又松大学访问学者，并对大田相关高中做了一些调研，以下就大田市相关高中学校和国内知名高中为例，比较中韩两国在高中学生发展指导特色化课程开发上的不同，以期取长补短，为我国的高中学生特色化发展指导课程开发提供良好的经验。

1. 比较对象相似性

韩国大田市是韩国著名的科学之都，韩国七大城市之一，现已发展成为韩国新的中心城市。它位于韩国国土中心部，截止到2013年，大田市面积为539.97平方公里，人口153.9万人。韩国政府把大田大德研发特区指定为国际科学议业据点地区，使大田更加具备成为国际化科学之都的声望。目前，大田市拥有高中62所，其中公立34，私立28，学生在校人数为61857名。

大田市教育的基本方向为"幸福的学校·充满希望的大田教育"，其目标指向是培养具有正确的人性和创造性的高品位的世界市民。大田东新科学高中和大田科学英才学校分属于不同类型的学校，前者属于韩国的"特殊目的的高中"，主要是注重特色化办学，重点培养未来科学家。后者属于韩国英才教育机构，主要偏重于数学和自然领域。两所高中虽各有特色，但总体上都是倾向于理工科类型的高中，比较重视科学教育，培养目标上也十分注重探究智慧、创意融合的人才格式，并非常注重学生健康人格的培养。

国内上海理工大学附中和北京理工大学附中都是理工类大学的附属中学。上海理工大学科技教育特色明显，拥有多个科技教育特色项目，是上海市科技教育特色示范校。同时，该校也十分注重学生健康人格的培养。而北京理工大学附属中学也属于北京市科技示范校，近年来，学校有近500人次在各级各类科技竞赛中获奖，形成鲜明的"人文奠基，理工见长"的办学特色。

正是基于这四所高中办学特色和培养目标的相似性以及各个学校在学生发展指导课程方案中的有效性，本研究才选取既倾向于科学教育且又注重人格培养的四所中、韩高中，使这几所学校在高中学生指导特色化课程上具有可比性。

2. 中、韩两国高中学生发展特色指导课程比较

鉴于国内外高中学生发展指导的共性，我们把学生发展指导课程的方向定位于生活指导、学业指导和生涯指导三个方面，一是国内外大多数高中一般性的发展指导课程都包含在其中；另一方面，有一个较为具体的课程内容框架便于我们对两国的高中学生发展指导课程的开发做出相应的比较。

（1）生活指导课程比较。从生活指导来看，两国的高中虽有理科高中的倾向，但都比较关注人文教育。以下展示上海理工大学附属中学大田东新科学高中生活指导内容表，再做详细分析。上海理工大学附属中学主要是分年级来实施生活指导课程的，生活指导主要课程内容有：

表15：生活技能指导内容表①

年级	项目	内容组成	实施办法
高一	新生适应	1.新学校:加深学校历史、校园环境等的认识与了解 2.新班级:班级同学认识,加强彼此联结 3.新生活:对高中学习生活初步认识	1.校史报告 2.主题班会 3.科技教育特色介绍 4.高中课程设置介绍
	自我成长	1.自我认识:了解各种认识自我的方法,更为深入地认识自我与悦纳自我 2.自我管理:学会观察及处理个人情绪,学习应对生活中的问题、困难及重大转变	1.系列班级辅导课程 2.开展团体及个人辅导
	人际沟通	1.沟通技能:学习有效沟通的元素,了解各种沟通方式,掌握沟通技巧 2.冲突管理:理解人际冲突的成因及其可能带来的后果,学会如何更好地处理人际冲突	家长工作坊
高二	生命礼赞	1.认识生命:从进化的角度看生命,了解生命起源,感悟生命来之不易,增强珍爱生命的意识和态度 2.热爱生命:感恩生活中的美好,勇于面对生命的困境	1."认识生命"生命教育课程 2.主题教育
	交往与道德	培养健康的异性交往态度与行为	1."一起谈爱情"师生座谈 2.班级辅导课程 3.团体及个体辅导
高三	应对困境	学习应对困难的态度与技能	班级辅导课程
	心理辅导	学会调适自己的情绪与心态	团体及个体辅导

　　而大田东新科学高中在人文教育这方面的课程内容是按照人格具备、自律责任、分享关怀、身心体验以及班级经营等几个方面来实施的。详细内容见表8。

---

　　①参见黄向阳,王保星.普通高中学生发展指导实践案例集[M].上海:华东师范大学出版社,2014:196.

比照两所学校生活指导课程可以认为：

从课程内容上看，上海理工大学附属中主要集中在新生适应、自我成长、人际沟通、生命教育、交往道德、应对困境和心理辅导七个方面；而韩国东新科学高中则偏重于人格培养、自律责任、分享关怀、身心体验、社团活动、商谈活动和班级经营七个部分。虽然生活指导的课程内容都是七个部分，也都比较关注高中学生自律自我，关注学生沟通和交往，但侧重点各不相同。国内的高中比较偏重于个人情绪调控和面对困境的调适，大概是国内高中学生要面对沉重的高考压力，学生心理疏导显得尤为重要。韩国高中则倾向于民主自治的自律秩序的形成，而且从细微处教育学生，比如注重收集学生意见、垃圾分类、清扫责任制等等，看似很小的事情，其实就包含着自律责任的要求，从细微处入手本身也就是教育内涵的所在。

在沟通交往方面，国内高中比较注重于学生的冲突和早恋问题，其实本质上还是有防患于未然的意识，力图通过班级团体、家长辅导来杜绝这类现象的发生。其实这种做法收效如何很难评价，但凡只要有人的地方必然会存在冲突，孩子到了高中这个年龄段对异性感兴趣也属于自然，关键是交往的道德应该明确。韩国高中也注重交往沟通，只不过更注重分享和关怀，弘扬学生的奉献精神和乐于帮助残疾、不幸的人，比如献血、捐款、地区社会净化活动等等。在分享层面上，通过 Wee（我们共同的）教室班级运营，培养学生集体凝聚力，鼓励给朋友写信，分享高中学习生活，通过各种形式的商谈活动拉近孩子和学校、教师以及父母的心。

在生活指导这一层面上，国内有两点颇具特色。一是生命教育，二是心理辅导。这两方面韩国生活指导课程中虽有体现，如学校暴力预防、守护天使实施及吸烟预防和禁烟教育。但总体上没有上升到感悟生命来之不易、增强珍爱生命的意识与态度这一层面上，没有把它单独作为一个专门内容来引起足够的重视。在心理辅导方面，国内很多高中都有开设专门的指导课程，内容涉及调试情绪、应对困境和高考应试等方面，这个专题课程在韩国高中的指导课程中没有体现。

从课程实施过程来看，中韩两国都注意到班级管理和家长的作用，上海理工大学采取了班级辅导课程和家长工作坊的形式；韩国东新科学高中则采取凝聚班级集体开设一系列的特色活动课程，让学生用自己的颜色给自己的班级添彩。上海理工大学附中通过《家长系列培训方案》，成立家长委员会，最大限度地希望家长协助孩子一起成长。而韩国东新科学高中鼓励父母和孩子成为朋友，分享孩子的苦恼，每周照顾、叫醒孩子，并关注孩子的前途。生活指导课程实施上两国高中也有所差异，韩国在指导课程实施过程中非常注重细化，七个部分内容细化成很多小的方面，这样做的好处是易于操作，

（2）学业指导课程比较。学业指导课程是高中学生学习生活的重要组成部分，也是一个学校教育教学质量的重要保障。国内很多高中对学业指导课程都很重视，大部分集中在学业规划、学法指导及升学指导三个方面，北京理工大学附属中学也不例外。

学业规划方面，包括指导学生科学选课、确定学习目标、管理学习过程和正确运用有效学习方法。此外，针对高一学生开展学业入境教育，为学生发放一些过渡性地学习辅助材料，为各年级学习新课程的学习提供学科入门教育。

在学法指导方面，学科教师努力帮助学生找到适合自身的学习方法。信息技术学科引导学生开展"小组合作"学习，英语学科组引领学生通过英文电影、歌曲欣赏、小说赏析等方法进行学习，化学及数学学科组通过研究个体差异，积极探究有效教学模式、学习方法和有效作业设计，努力帮助学生认识自己的学习特点，形成自己的学习风格与方法。

在升学指导方面，将升学指导与生涯规划结合实施，通过生涯规划为学生选择理想高校、专业及职业奠定基础，同时组织升入人学不久的毕业生返校与高三学生进行交流，内容包含高校介绍、专业选择、高三学习指导、应考心理调试等。[1]

---

[1]黄向阳,王保星.普通高中学生发展指导实践案例集[M].上海:华东师范大学出版社,2014:51.

韩国大田科学英才高中在学业指导方面做得比较有特色，学校就本地高校资源如韩国科学技术学院、忠南大学和大德研究开发特区研究院，招募隐退科学家及地区优秀科学人才，并通过形成"学术引入"制度，在学生形成科学家的研究态度和品行、素质、涵养等方面以及提高学生科学探究能力和创意解决问题能力方面做出相应的指导。这种"学术引入"制度主要包括以下内容：

学生和科学家（教授、理工科博士）一对一结缘，科学家及理工博士主要来源于本地区招募；

科学家成为指导者，给学生学习、研究领域的相关指导。包括对学生关心的学术学习的支援、放假中现场研究活动的支援、毕业论文关联指导和学业关联商谈的支援；

"指导者一起随行"书本发刊。包括和指导者随行的研究活动结晶、指导者给学生、学生给指导者信件、活动照片收录以及指导者和学生普及书本作为学校宣传材料；

科学关联的校园活动，邀请指导者激励指导学生。包括邀请学生向往的多样化领域的科学家来学校演讲和商谈、和科学家一起分享暑期的科学露营活动并和科学家一道免费参加科学音乐会（演讲、实验等）。

召开open学术节。包括以临近大学、研究院、学生家长以及大田市内学生为对象都可以参加的夏、冬两季学术节；有本校学生和结对科学家自律研究和科学展览会、科学探究学习研究成果介绍（宣传画及口头发表）；以大田市内中小学生们为对象，接收科学探究报告书，给予优秀学生在学术节上发表的机会；选择open学术节优秀宣传画贴墙宣传。

大德研究开发特区研究院连接学校科学社团活动。包括所有学生加入一个以上的科学探究活动；科学社团活动的主题选定、最新研究动向、探究过程和内容都由学生自己把握；社团学生见学观摩，协助研究院科学家共同研究等。①

---

①학교교육계획[M]. 대전동신과학고등학교2014.학년45-46

　　结合两所高中学业指导课程的特点，可以说是各有所长。国内高中把学业指导分为三个模块，即学业规划、学法指导和升学指导。内容上主要还是以我国高中学生升学考试为主导，目标是让学生考上一所理想的大学；而韩国大田科学英才学校则更倾向于合理利用地方高校资源，使学生的学业发展不仅仅局限于升学，更多的是培养学生的兴趣，让学生找到适合自己的研究领域，从与科学家交往的过程中体验科学探究的乐趣和了解科学研究的最新动向。这种不局限于高考的"学术引入制度"固然和韩国科学英才高中的性质有关，因为韩国的科学英才学校主要是选拔相对优秀的毕业生，目标是培养未来的科学家，在韩国属于特殊的高中。但无论其性质如何，在合理利用地域高校资源方面值得我们借鉴。国内高中也有合理利用高校资源的，比如上海理工大学邀请上海理工大学23名教师，分17个专场进行演讲与交流，与学生共话大学专业学习与就业前景。但国内高中主要还是利用高校人力资源优势，通过讲座或实地观察的方式来了解相关大学的专业建设，进一步为学生报考此类高校打下初步的基础，本质上还是为了满足学生考上一所良好大学的愿望。韩国科学英才学校这种"学术引入制度"颇有创新，它通过学生和相关院校科学研究人员的结对，使学生从他们身上学到科研人员的优良品质，同时，学生在和科研人员接触了解的过程中也掌握了一些前沿信息，再进一步和科研人员合作研究，也容易找到自己的兴趣点和未来研究的发展方向。

　　值得一提的是韩国大田东新科学高中在学生的学业指导课程中也有创举。比如在利用图书馆引导学生自我学习这个方面，大田东新科学高中学生父母、退休教员担任"母亲"名誉图书管理员，成立由教导主任、研究部长、图书馆管理员、各学科教师代表为委员的学校图书馆运营委员会，审议选定合适的资料，每年4次购入图书，建立学校图书馆业务系统，方便学生快捷便利地查找借阅图书。同时开展图书馆管理使用课程，实行可持续性的诱发学生读书兴趣的多样性读书活动，借阅优秀者及优秀读后感选拔优胜者将给予奖励，提高学生对读书的关心，扩展学生自主学习能力。这种有效利用学校图书馆资源开设的学业指导课程，可以调动学生自主学习的兴趣，全方位、多角度的阅读也帮助学生解决很多学习上遇到的困境，并为以后学生个人的发展、自主学习打下了良好的基础。[①]这类利用学校图书资源指导学生学业的做法值得国内高中借鉴，当然，完备的图书器材设施也是开展类似学业指导的重要保障。

韩国也有指导学生特长、个性的兴趣小组活动课程，这些课程也是学业指导课程的一部分，国内相关高中的"小组合作"研究性学习课程与其有异曲同工之妙，在此不再赘述。国内高中通过本校毕业学生（韩国称之为前辈）来给学生开展交流高中及大学生活的讲座也是学业指导中一种较好的做法，同龄人的说教往往更具说服力，也比较能够引起学生的共鸣。

（3）生涯发展指导课程比较。与生活指导和学业指导相比，学生生涯发展指导大体上包括生涯规划指导、职业定向与就业准备指导以及升学定向与准备指导三个方面。综观中韩两国学生生涯发展指导课程，基本上都是以学生未来职业发展和升学指向为基础的。学校都有和当地高校合作开发的有关生涯发展的选修课程，并开展学生个性化研究性学习活动指导。比如北京理工大学附属中学与首都师范大学合作开发"生涯探秘"选修课，由首师大教师、研究生和本校心理老师共同备课，互相借鉴资源。通过课程学习，学生更加深入地了解自我、了解职业世界，接触了较实用的决策方法和生涯规划方法。该校研究性学习活动课程内容基本如下：

---

①학교교육계획[M].과학영재학교. 대전과학고등학교.2014학년도153

表16：研究性学习活动内容表①

环节	具体内容
明确研究内容	导师指导学生以"我的规划——我想成为一名优秀的…"为题撰写开题报告并开题
走访大学	任课教师组织学生组成4—8人小组，走访自己感兴趣的大学，了解大学专业课程设置，招生政策、录取分数、大学对学生素质的要求等，感受大学的文化和氛围
调查职业现状	导师指导学生通过文献检索，了解不同的职业分类情况和职业特点，以及不同职业对人才的要求，同时要求学生利用休息日和寒假到职业招聘现场进行调研，了解社会的需求，感受找工作的艰辛和不易
寻找偶像，访谈专家	引导学生寻找职业偶像，通过访谈或阅读成功人士的自传，介绍他们成功经验的书、文章，了解偶像或榜样的主要业绩、个人背景以及曾经遇到的失败及克服失败的过程，研究成功者成功的原因
撰写"我的生涯规划"研究报告	在充分调查、研究基础上，学生撰写自己的研究报告。报告内容包括自我分析、职业分析、职业和大学关系的分析、确定职业目标和学习目标、制订行动计划
结题答辩，认定学分	在导师指导下，按要求完成"我的生涯规划"研究报告，但是通过后，可以参加结题答辩，每个班有3—4名导师组成的答辩小组。通过答辩的同学可获5学分，计入研究性学习成绩中。学生可把"我的生涯规划"作为资料，填入综合素质评价平台中

韩国高中也有类似的课程计划，大田科学英才高中称之为多性前途探索创新"共学"方案，该方案内容如下：

表17：年度创意"共学"运营计划表

顺序	时间	学习领域和内容	学科
1	1周	MEMS:机械工学、半导体工程	工学
2	2周	绳结和三维多样体	应用学科
3	3周	Security101:Think like an Adversary	应用学科

①参见黄向阳,王保星.普通高中学生发展指导实践案例集[M].上海:华东师范大学出版社,2014:56.

(续　表)

顺序	时间	学习领域和内容	学科
4	4周	流行企业和流通企业、数学家和人工技能、工作的理由？大数据时代科学典范	工学
5	5周	物理难吗？	物理
6	6周	CG和电影的未来	应用
7	7周	高能源量子的医院	物理
8	8周	How it is Designed: Sound Camera	应用
9	9周	新材料工学：纳米和能源，材料的进化	化学
10	10周	诺贝尔奖和一等企业自己探索吗？	应用
11	11周	关于生命的七个法则	生物
12	12周	安全计划的开发	地理

（资料来源于韩国大田科学英才高中2014年《学校教育计划》第47页）

　　比较中韩两国两所高中的特色化生涯指导课程，两所高中都考虑利用大学资源来帮助学生实施生涯规划，但采取的方式有所不同。国内高中通过走访大学了解大学专业设置，安排导师进行讲座、对成功人士访谈等，目的都是为了使学生能够自己做好未来生涯规划。北京理工大学研究性学习的生涯指导课程完全是从生涯规划指导、职业定向指导以及升学定向指导三个方面来安排内容的，可以说是考虑得非常全面。但反过来说，全面性的东西往往缺少个性化，而韩国高中类似生涯指导的课程"共学"方案却恰好体现了个性化的特点。这些学科特色化课程，一方面从物理、化学、生物、地理、应用科学等方面拓展了学生学习的兴趣，学生可以根据这些共学学科在学习探究的过程中找到自己未来发展的学科方向；另一方面，提高了学生科学素养，为其日后选择大学相关对应学科打下了基础。学生可以说在实践"共学"中慢慢找到自己的兴趣和未来职业的发展方向。这种通过学业课程"共学"的模式，开辟了一条结合学业课程来拓展生涯发展课程指导的新路子，值得借鉴。可以这么说，国内高中关于学生生涯指导课程的设置停留在理论层面上的比较多，更多的是指向学生的生涯发展理想。韩国科学英才学校的"共学"模式则更多地倾向于实践，通过这种课程学习，学生可以了解相关应用科学领域的研究方向，培养自己在这方面的能力和素养，更为重要的是，学生可以在学习的过程中自主把握自己的未来，选择自己感兴趣的"共学"领域作为未来倾向的职业。这种偏重于实践中指导学生生涯发展的课程未尝不是一种切合学生自身的特色化课程。

综合上述四所中、韩理工高中，我们大体可以知道，两国高中都十分注重高中生的发展指导课程，都在生活、学业、生涯指导等方面开设了较多的特色课程。从某个角度来看，反映出时代发展使得世界各国高中都由以往的升学+就业的培养目标逐步走向升学+就业+个性化发展的培养目标，这是时代发展的必然需求。同时，中韩两国高中都十分注重利用地域化的高校资源来帮助开展自己的学生发展指导课程，但韩国的"学术引入"制度和"共学"方案值得我们借鉴和学习。尤其是如何灵活且个性化地把高校资源很好地整合到学校课程体系之中以及以高校资源带动学生学业个性发展和未来职业自主选定这些层面上，韩国高中做得比我们要细致、要具体。中韩同属东亚文化圈，两国文化有很多共性，韩国也有比较严格的高考制度，也有竞争激烈的名牌大学录取之争，虽然高中教育制度不完全一样，但就高中学生发展指导这一需共同面对的话题，可以取长补短，相互借鉴。

(三)高中特色课程共享

1.高中特色课程共享的必要性

由于高中特色课程所涉及各个学校课程资源不同，同时学校所处的地区课程开发的资源也不尽相同，因而，高中特色课程开发的过程中容易出现结构性短缺问题。即不同的学校可能因为所处地域特色课程资源分布不均、学校办学特色不同，一些重点学校在高中特色课程数量和种类上都非常充足，而另一些普通的高中学校就没有那么幸运，这些学校不得不把视线转向比较容易开发且能带来高考收益的艺术、体育课程上，这样一来，造成了目前高中特色课程相对集中、重复建设的相关问题，这种结构性失衡只有通过特色课程共享的方式加以克服。

所谓特色课程"共享"其实就是分享之意，可以理解为将典型的课程模式、某一门类特色课程或具体的课程资源与其他相关学校人员共同拥有与分享。特色课程共享是多方共同参与的实践过程，一所学校、一个区域要进行特色课程的共享，就必须事先对已有的特色课程做充分的了解和必要的筛选，并进一步掌握师生对特色课程"需求"的现实情况，其中包括不同教师对特色课程共享的理解与需求。

目前对于特色课程共享有两种不同的看法，反对者认为，特色课程都有自己的独特性，它源于本校实际课程建设的典范，因而无法共享。如果可以共享，特色课程将失去其应有的独特性。同时，相对于一门特色课程来说，它是一名有特色的教师长期生活的积累，不具备可重复性和模仿性，是不能被共享的。赞同者则认为，特色课程的共享并不是原封不动地照搬，来自同一所学校的不同教师或者不同学校的同一学科的教师，可以共享特色课程的开发、实施与评价的成功经验，共享特色课程的内容与方法，还可以共享特色课程的课程思想及哲学思考。

本研究以为，在教育转型发展的今天，特色课程建设将在学生的培养模式上发生转变，成为从标准化、同质化培养转向注重个性化培养现实选择。特色课程共享是实现课程育人价值的途径之一，共享的意义在于"发展学习兴趣、培养选择能力、拓展学习视野、丰富学习经历、促进身心健康"。[1]实现高中特色课程共享，从学校的层面上来看，有利于各个不同区域的不同学校取长补短，避免重复建设。虽然各地区、各学校的特色课程资源各不相同，但在现行高考制度尚未完全改变的情况下，很容易造成一些基础薄弱的普通高中学校努力在艺术、体育特色课程上做文章，高中特色课程同质化、重复化的现象。而高中特色课程资源共享既避免了这种现象的发生，也可以通过共享使各个学校借鉴其他学校特色课程建设的经验；从学生的层面上来

---

① 邢至晖,韩立芬.特色课程8问[M].上海:华东师范大学出版社,2013:199.

看，高中特色课程共享有助于学生根据自己的个性特长来选择适合自己发展的课程，有助于学生多样化、个性化地发展。共享的课程越多，也意味着学生发展的方向更广；从教师的层面上来看，高中特色课程的共享可以说是每一位参加课程建设的教师都能从其他学校教师的特色课程开发建设中学到相关的经验，有助于提高自身特色课程开发的能力并进一步完善自己开发的高中特色课程。

2.高中特色课程共享的可行性

（1）主观条件。目前，我国普通高中学校由于地域经济差异、师资文化差异等各个方面的因素，造成发展的不均衡现象，这种不均衡的现象当然也会表现在学校特色课程建设上。一些办学基础比较薄弱的学校，开设特色课程面临经费短缺、师资缺乏的状况，它们当然希望可以通过和优质高中建立高中特色课程共享机制来借鉴优质资源，进一步满足学生发展、学校办学的需求。而那些优质高中虽然自身办学条件较好，有相对完整的高中特色课程体系，但并不能就此杜绝和其他学校的交流合作，它们也需要建立课程的共享，来进一步完善高中特色课程的内容、实施及评价。因而，从主观上来讲，各个层次的普通高中学校都有共享特色课程的需求。同时，各个学校特色课程的直接实施者——教师也需要在共享的机制下汲取其他相关学校教师的智慧，充实高中特色课程开发的队伍、完善特色课程的内容，并取长补短，使得本校的高中特色课程精益求精，更上一个平台。各个学校的学生更希望共享每个学校的特色课程，其作为课程最终受益者，通过别的学校特色课程学习，可以拓展自己知识面，找到适合自己个性发展的学习课程。

所以，从主观愿望上看，高中特色课程所涉及的学校、教师和学生都有着共享课程的愿望，也可以在共享课程的基础上得到想要的收益。

（2）客观条件。高中特色课程共享需要共享的平台建设。当前，全球正处在一个高速发展的信息化时代，信息化智能设备早已深入人们的日常生活，很多的课程资源可以通过智能化的信息设备达到人机面对面、及时沟通、方便学习。高中特色课程共享可以利用这种便捷、高效的方式来建立信息化共享的平台。该平台是实现特色课程共享的工具，它既可以承载一些有特色的课程资源，使课程资源快捷、灵活、流动、跨越时空呈献给教师学生，又可以为学生提供适应性的课程选择路径。通过学习者学习背景、学习风格、学习历史记录等数据的收集，建构学习者适合自己的学习模型。

当然，仅有主观和客观条件还不够，高中特色课程的可行性还离不开学校制度的支持，包括经费、师资等一系列问题，这些都需要每个学校在特色课程建设之前就要建立相关的制度作为保障。同时，各个学校共享特色课程的同时，也需要加强交流，取长补短，共同分享各自的特色课程，发挥各自的优势，避免重复建设造成课程资源浪费。目前，上海市在课程资源共享上进行了积极尝试，全市投资约4900万元建成上海市教育资源库，资源库涉及教与学资源库、数字化视频库和资源库网络管理系统三个模块，其中教与学资源库提供教学素材类资源、主题学习性资源、研究型课程网络资源和教师培训资源，内容覆盖基础教育各个学科，这无疑给高中特色课程开发及共享提供了极佳的平台。同时，数字化视频库包括视频点播、网络课堂以及网上数字教研系统，它也必将为高中特色课程的特色化实施提供良好的共享空间。[①]

在当下普通高中培养目标日渐多样化、个性化的国际发展趋势下，在我国高中积极倡导高中特色办学、建立特色化课程体系的今天，高中特色课程无论是在理论和实践研究上，都被广大的教育工作者所关注。但事实上，高中特色课程建设要走的路还很长。要改变长期以来的单一的、满足高考需要的高中课程体系，逐步形成趋向于学生发展的高中特色课程体系，它在很多方面都亟待改善。诸如全社会高中培养目标理念的转变、高考评价制度改革和高中特色课程的经费师资等一系列问题。

高中特色课程建设正行进在课改之路上！

---

①吕星宇.上海市课程建设思路分析[J].教育理论与实践,2014,(14).

参考文献

一、中文类

（一）重要著作

[1] 奥恩斯坦，霍伦斯坦，帕荣克. 当代课程问题[M]. 余强，译. 杭州：浙江教育出版社，2004.

[2] 安桂清. 整体课程论[M]. 上海：华东师范大学出版社，2007.

[3] 艾宏歌. 当代韩国教育政策与改革动向[M]. 北京：社会科学文献出版社，2011.

[4] 埃利奥特. 课程实验：迎接社会变革之挑战[M]. 赵中建，译. 上海：华东师范大学出版社，2009.

[5] 布洛克. 《塔木德》、课程和实践：约瑟夫·施瓦布和拉比[M]. 徐玉珍，林立，译. 北京：教育科学出版社，2011.

[6] 陈青云. 段力佩与育才中学[M]. 上海：上海教育出版社，2013.

[7] 崔允漷，冯生尧. 谁赢得高中、谁就赢得人才[M]. 上海：华东师范大学出版社，2013.

[8] 多尔. 后现代课程观[M]. 王红宇，译. 北京：教育科学出版社，2000.

[9] 杜威. 民主与教育[M]. 薛绚，译. 南京：译林出版社，2011.

[10] 杜威. 我们怎样思维·经验与教育[M]. 姜文闵，译. 北京：人民教育出版社，2005.

[11] 费恩伯格，索尔蒂斯. 学校与社会[M]. 李奇，等译. 北京：教育科学出版社，2006.

[12] 范国睿. 多元与融合：多维视野中的学校发展[M] 北京：教育科
　　学出版社，2002.

[13] 冯建军. 生命与教育[M]. 北京：教育科学出版社，2004.

[14] 菲利普斯，索尔蒂斯. 学习的视界[M]. 尤秀，译. 北京：教育
　　科学出版社，2006.

[15] 芬斯特马赫，索尔蒂斯. 教学的方法[M]. 胡咏梅，赵应生，王绯
　　烨，译. 北京：教育科学出版社，2006

[16] 范蔚，李宝庆. 校本课程论（发展与创新）[M]. 北京：人民教
　　育出版社，2011.

[17] 顾明远，石中英.《国家中长期教育改革和发展规划纲要（2010—
　　2020年）》解读[M]. 北京：北京师范大学出版社，2010.

[18] 郝德永. 课程：走向自觉与自律[M]. 合肥：安徽教育出版社，
　　2009.

[19] 哈格里夫斯. 知识社会中的教学[M]. 熊建辉，陈德云，赵立芹，
　　译. 上海：华东师范大学出版社，2007.

[20] 怀特海. 过程与实在：宇宙论研究[M]. 李步楼，译. 北京：商务
　　印书馆出版，2011.

[21] 怀特海. 教育的目的[M]. 庄莲平，王立中，译. 上海：文汇出版
　　社，2012.

[22] 黄向阳，王保星. 普通高中学生发展指导实践案例集[M]. 上
　　海：华东师范大学出版社，2014.

[23] 霍益萍. 普通高中现状调研与问题讨论[M]. 上海：华东师范大
　　学出版社，2010.

[24] 霍益萍，朱益明. 中国高中阶段教育发展报告[M]. 上海：华东
　　师范大学出版社，2014.

[25] 黄志成. 国际教育新思想新理念[M]. 上海：上海教育出版社，
　　2009.

[26] 黄志成. 西方教育思想的轨迹：国际教育思潮纵览[M]. 上海：华
　　东师范大学出版社，2008.

[27] 加德纳. 重构多元智能[M]. 沈致襄，译. 北京：中国人民大学出版社，2008.

[28] 加德纳. 多元智能新视野[M]. 沈致隆，译. 北京：中国人民大学出版社，2008

[29] 金生鈜. 教育与正义：教育正义的哲学想像[M]. 福州：福建教育出版社，2012.

[30] 靳玉乐. 探寻课程世界的意义：课程理论的建构与课程实践的慎思[M]. 北京：北京师范大学出版社，2014.

[31] 靳玉乐. 学校课程领导论：理论研究与实践探索[M]. 北京：人民教育出版社，2011.

[32] 雷诺兹，韦伯. 课程理论新突破[M]. 张文军，译. 杭州：浙江教育出版社，2008.

[33] 李淑华. 高中新课程：更有效的评价细节[M]. 重庆：西南师范大学出版社，2009.

[34] 李文郁. 广东特色基础教育课程体系探索[M]. 广州：广东高等教育出版社，2014.

[35] 李子建，黄昱华. 校本课程发展、教师发展与伙伴协作[M]. 北京：教育科学出版社，2010.

[36] 林智中，陈健生，张爽. 课程组织[M]. 北京：教育科学出版社，2006.

[37] 霍尔姆斯，麦克莱恩. 比较课程论[M]. 张文军，译. 北京：教育科学出版社，2001.

[38] 欧阳荣华，陈德祥. 教育学[M]. 北京：中国人民大学出版社，2007.

[39] 帕克，安科蒂尔，哈斯. 当代课程规划[M]. 孙德芳，译. 北京：中国人民大学出版社，2010.

[40] 帕克，哈斯. 课程规划——当代之取向[M]. 谢登斌，俞红珍，等译. 杭州：浙江教育出版社，2004.

[41] 派纳. 课程：走向新的身份[M]. 陈时见，潘康明，译. 北

京：教育科学出版社，2008.

[42] 任顺元. 学校特色与特色学校建设[M]. 杭州：浙江大学出版社，2010.

[43] 斯特弗，盖尔. 教育中的建构主义[M]. 高文，徐斌艳，程可拉，译. 上海：华东师范大学出版社，2002.

[44] 唐江澎. 学校，一个学习的地方[M]. 北京：首都师范大学出版社，2014.

[45] 唐盛昌，李英. 高中国际课程的实践与研究. 总论卷[M]. 上海：上海教育出版社，2011.

[46] 桃源县教育局. 特色桃花园[M]. 台中：晨星出版有限公司，2011.

[47] 王本陆. 现代教学理论:探索与争鸣[M]. 合肥：安徽教育出版社，2007.

[48] 王飞. 走向特色高中[M]. 芜湖：安徽师范大学出版社，2012.

[49] 王歌红. 我在美国读高中[M]. 北京：中国人民大学出版社，2015.

[50] 王鉴. 教学论热点问题研究[M]. 桂林：广西师范大学出版社，2008.

[51] 汪霞. 课程理论与课程改革[M]. 合肥：安徽教育出版社，2007.

[52] 汪霞. 课程研究：现代与后现代[M]. 上海：上海科技教育出版社，2003.

[53] 吴亚林. 价值与教育[M]. 北京：北京师范大学出版社，2009.

[54] 谢弗勒，人类的潜能[M]. 石中英，涂元玲，译. 上海：华东师范大学出版社，2006.

[55] 邢至晖，韩立芬. 特色课程8问[M]. 上海：华东师范大学出版社，2013.

[56] 邢至晖，韩立芬. 特色课程开发的7项核心技术[M]. 上海：华东师范大学出版社，2013.

[57] 邢至晖，韩立芬. 特色课程：机制与方略[M]. 上海：华东师范大学出版社，2013.

[58] 邢至晖，王愉敏. 特色课程：一段温暖的记忆[M]. 上海：华东

师范大学出版社，2013．

[59] 麦克·扬．未来的课程[M]．谢维和，王晓阳等译．上海：华东师范大学出版社，2003．

[60] 燕国材．非智力因素与学习[M]．上海：上海教育出版社，2006．

[61] 杨明全．革新的课程实践者——教师参与课程变革研究[M]．上海：上海科技教育出版社，2002．

[62] 于伟．现代性与教育[M]．北京：北京师范大学出版社，2006．

[63] 杨小微．教育研究方法[M]．北京：人民教育出版社，2005．

[64] 袁振国．教育新理念[M]．北京：教育科学出版社，2007．

[65] 钟启泉，崔允漷，吴刚平．普通高中新课程方案导读[M]．上海：华东师范大学出版社，2003．

[66] 钟启泉，崔允漷，张华．为了中华民族的复兴 为了每位学生的发展——《基础教育课程改革纲要（试行）》解读[M]．上海：华东师范大学出版社，2001．

[67] 赵明仁．教学反思与教师专业发展[M]．北京：北京师范大学出版社，2009．

[68] 钟启泉，高文，赵中建．多维视角下的教育理论与思潮[M]．北京：教育科学出版社，2004．

[69] 钟启泉，杨明全．教育的发现——钟启泉教育思想访谈录[M]．北京：中国人民大学出版社，2009．

[70] 郅庭瑾．为思维而教[M]．北京：教育科学出版社，2001．

[71] 佐藤学．课程与教师[M]．钟启泉译．北京：教育科学出版社，2003．

[72] 朱益明．普通高中学生发展指导研究[M]．上海：华东师范大学出版社，2013．

（二）期刊、报纸论文

[1] 办好特色高中，提高高中教育质量——陈小娅副部长出席"中美高中特色办学研讨会"[J]．大学．研究与评价，2009（03）

[2] 白正三. 引入大学智慧，建设特色高中[J]. 天津教育，2012（07）

[3] 常宝宁. 我国综合高中发展的现状、问题与对策研究[J]. 教育发展研究，2015（02）

[4] 陈丽霞. 坚持德育为先理念，开创"人文德育"特色[J]. 上海教育科研，2012（08）

[5] 崔允漷，柯政，林一钢. 我国普通高中课程计划的历史演变[J]. 教育研究，2004（01）

[6] 陈瑞生. 特色教师培育：概念透视与模式构建[J]. 教育科学研究，2014（09）

[7] 陈时见，赫栋峰. 美国高中课程改革的发展趋势[J]. 比较教育研究，2011（05）

[8] 陈时见，王芳. 21世纪以来国外高中课程改革的经验与发展趋势[J]. 比较教育研究，2010（12）

[9] 陈翔雁. 特色教师队伍建设的实践与思考[J]. 教学与管理，2014（04）

[10] 崔允漷，洪志忠. 要避免校本课程开发在实践中走入误区[N]中国教育报，2008-5-30（005）

[11] 崔允漷. 全球视野下我国普通高中课程改革的对策思考[J]. 教育发展研究，2013（18）

[12] 崔允漷. 我国普通高中学分制方案：问题与建议[J]. 全球教育展望，2003(01)

[13] 崔允漷，黄山. 普通高中课程改革改了什么：教师的视角[J]. 当代教育科学，2015（08）

[14] 曹沔清. 彰显特色是示范性高中建设应有之义[J]. 中国教育学刊，2008（04）

[15] 崔玉婷. 普通高中学校文化特色的类型与建设路径——以北京市三所普通高中学校为例[J]. 教育科学研究，2011(11)

[16] 丁蓓. 走向学生参与式的课程评价[J]. 现代中小学教育，2013（07）

[17] 窦桂梅. 整合：为学生更好地发展——清华附小基于课程整合的学校改进策略[N]中国教育报 2013-10-9（005）

[18] 对话普通高中教育[N]中国教育报，2012-6-8（006）

[19] 段景国. 特色高中建设该如何走好内涵发展之路[J]. 天津教育，2012（04）

[20] 段俊霞. 课程统整中知识统整的问题与对策[J]. 教育理论与实践，2012（14）

[21] 段俊霞，潘建屯. 课程统整中经验统整的问题与对策[J]. 教育理论与实践，2014（02）

[22] 董凌波. 近五年高中学业水平考试研究综述[J]. 教学与管理，2013（01）

[23] 丁笑梅，刘朋. 考试评价制度改革必须与课程改革同步——新时期普通高中课程改革与高考制度改革综述[J]. 教育理论与实践，2001（02）

[24] 冯大鸣. 学校特色创建的国际走向——基于美、英、澳相关实践的考察[J]. 教育发展和研究，2010（06）

[25] 冯明，潘国青. 上海市普通高中办学特色调研报告[J]. 上海教育科研，2012（01）

[26] 方明生. 新世纪日本高中课程改革的要点与特色[J]. 全球教育展望，2002（10）

[27] 冯生尧. 论高中课程和高考招生专业分化的必要性[J]。全球教育展望，2011（01）

[28] 冯生尧. 普通高中课程多样化及其配套措施：美国的经验与启示[J]. 教育发展研究，2013（18）

[29] 冯生尧. 台湾高中新课程改革之特色[J]. 教育导刊，2004（08）

[30] 冯生尧. 专业分化的课程与高考：香港新高中中国语文和中国文学——兼论中国文理分合之争[J]. 教育科学研究，2009（12）

[31] 傅维利. 论当代基础教育的特色化建设[J]. 教育研究，2014（10）

[32] 傅维利. 我国高考改革的困境、出路及新方案设计[J]. 教育研

究，2009（07）

[33] 高慧珠. 课程统整中主题内容开发的内涵、模式及策略[J]. 教育科学研究，2010（02）

[34] 郭晚盛. 普通高中就业预备教育的实践与思索[J]. 教育理论与实践，2000（09）

[35] 贺斌. 谈普通高中课程改革与高考制度改革之"接轨"[J]. 教育理论与实践，1999（02）

[36] 胡东芳. 论"课程共有"——对中国特色课程政策模式的探索[J]. 教育研究，2002（08）

[37] 黄晓玲. 普通高中学校特色课程建设的实践路径[J]. 教学与管理，2012（10）

[38] 何永红. 学校"特色课程"的定位及其发展策略[J]. 教育科学研究，2011（10）

[39] 韩震. 高中特色化发展利于大学人才选拔培养[N]中国教育报 2013-4-22（005）

[40] 江东. 以文化为根推进广州市普通高中特色课程建设[J]. 教育导刊2012(04)

[41] 姜英敏. "高中平准化"时代落幕——韩国高中多样化改革浅析[J]. 比较教育研究，2010（06）

[42] 教育部山东师范大学基础教育课程研究中心调研组. 高中课程改革的进展、问题与建议[J]. 山东师范大学学报，2006（06）

[43] 刘昌坤. 一个全面评价学生的方法——介绍澳大利亚昆士兰州"以校为本"评价体系[J]. 上海教育科研，1999（04）

[44] 李纯，李森. 智者之教：高中新课程改革背景下教师教育者的教学改进[J]. 教育理论与实践，2012（22）

[45] 陆春萍，赵明仁. 高中该课程改革中的教学取向浅析[J]. 课程. 教材. 教法，2014（04）

[46] 李宏伟，李震. 主题文化：催生特色高中的文化制高点[J]. 中国教育学刊，2010（01）

[47] 罗洁. 北京市普通高中课程改革实验与反思[J]. 中国教育学刊, 2014（05）

[48] 林金妙许谱槐. 综合高中怎样办出特色—宁波三中举办美术特色班的教改实践[J]. 教育发展研究, 2001（08）

[49] 廖珂，罗朝猛. 以特色课程建设为抓手，努力打造特色学校——中山大学附属高中系列特色课程建设审视[J]. 课程教学研究, 2013（09）

[50] 林莉. 英国的公立中学特色化计划[J]. 浙江教育科学, 2010(02)

[51] 刘敏，董筱婷. 韩国高中教育改革——以首尔为例[J]. 外国中小学教育, 2015（03）

[52] 李其龙. 国际普通高中课程改革趋势[J]. 全球教育展望, 2003（07）

[53] 李如密. 教学美对学生发展的价值探析[J]. 教育研究与实验, 2009（04）

[54] 刘然，余慧娟，赖配根. 普通高中课程改革的整体走向[J]. 人民教育, 2004（11）

[55] 李润洲. 普通高中课程建设的教育学设想[J]. 中国教育学刊, 2015（01）

[56] 李世宏. 瑞典高中教育发展特点分析[J]. 外国中小学教育, 2005（08）

[57] 刘新平. 基于课程整合的校本课程开发[J]. 中国教育学刊, 2014（05）

[58] 吕星宇. 上海市课程建设思路分析[J]. 教育理论与实践, 2014（14）

[59] 刘永和. 高中多样化的"为何"与"何为"[J]. 教育导刊, 2012（07）

[60] 李颖，钮俊生. 素质教育背景下特色高中创建的误区及其策略[J]. 辽宁行政学院学报, 2008（05）

[61] 李颖. 特色普通高中建设的现状、问题与对策[J]. 现代教育管

理，2012（01）

[62] 李颖. 特色普通高中建设需要重点关注的几个关系[J]. 辽宁教育
　　　行政学院学报，2012（03）

[63] 刘月霞，马云鹏. 我国普通高中课程改革的特征、条件与实施策
　　　略[J]. 课程·教材·教法，2015（01）

[64] 李志厚. 我国普通高中新课程设置反思：合理性与可行性[J]. 教
　　　育科学研究，2014（01）

[65] 马锐雄. 张扬个性，大力发展特色高中[J]. 中国教师，2010（10）

[66] 母小勇，薛菁. 课程评价：从学业成就评价走向学业评价[J]. 教
　　　育理论与实践，2007（07）

[67] 倪娟，沈健. 高中课改学分认定的实践研究[J]. 中国教育学刊，
　　　2010（03）

[68] 孙彩虹. 整合助教资源优势开发学校特色课程[J]. 上海教育科
　　　研，2005（06）

[69] 孙孟远，刘加良. 立足地域优势. 创建现代学校特色[J]. 北京教
　　　育，2012（02）

[70] 石鸥. 普通高中特色课程开发研究[J]. 中国教育学刊，2012（12）

[71] 石鸥. 选择一种课程就是选择一种未来——关于高中多样化、选
　　　择性课程结构的几点认识[J]. 中国教育学刊，2003（02）

[72] 苏婷. 兴趣来源于特色[N]. 中国教育报2004-01-17

[73] 孙先亮. 高中教育需要关注生命的基础价值[N]. 中国教育报
　　　2012-8-31（006）

[74] 谭菲，杨柳. 韩国高中2009年中小学课程改革述评[J]. 比较教育
　　　研究，2011（05）

[75] 屠莉娅. 唯真求实：高中课程改革的反思与前行——浙江大学自
　　　然科学组专家学者访谈录[J]. 全球教育展望，2013（08）

[76] 唐盛昌. 高中改革方向——促进高中生志、趣、能匹配[N]. 中国
　　　教育报，2012-6-1（006）

[77] 王本陆. 教学转型与基础教育改革[J]. 教育研究，2002（09）

[78] 王定华. 美国高中课程改革考察与分析[J]. 教育研究，2007（03）

[79] 王桂林. 潜在课程：一种不容忽视的教育资源[J]. 教育探索，2003（06）

[80] 王后雄. 从普通高中课程结构变革看高考改革[J]. 中国教育学刊，2008（04）

[81] 王俊. 普通高中新课程课程方案给课程资源带来的冲击[J]. 江西教育科研，2004（07）

[82] 王洁. 与教师共同规划学校课程[N]. 中国教育报，2015-7-9（007）

[83] 汪凌. 法国普通高中的课程研究[J]. 全球教育展望，2002（03）

[84] 汪明. 普通高中"千校一面"如何扭转？[N]. 中国教育报2014-4-1（007）

[85] 王帅. 基于政府政策的英国特色学校发展及启示[J]. 外国教育研究，2011（11）

[86] 王天文，王瑾. 让风范教育成为特色高中建设的活力源泉[J]. 上海教育科研，2010（03）

[87] 吴为民，李忠. 特色教师的成长过程[J]. 上海教育科研，2014（01）

[88] 王晓辉. 高中教育的价值取向[N]. 中国教育报，2012-7-20（006）

[89] 王喜娟. 教育转型视野中美国综合高中的生机与危机[J]. 外国教育研究，2009（06）

[90] 吴永军. 论新课改的可为与不可为[J]. 教育研究与实验，2010（05）

[91] 王悦. 基于三种理论指导下的高中特色课程体系构建的探析——以南京市S中学为例[J]. 江苏第二师范学院学报，2014（10）

[92] 王燕玲. 开展省级特色高中创建活动，推动普通高中优质发展[J]. 辽宁教育，2011（06）

[93] 徐斌艳. 德国普通高中课程纲要的特点及其发展[J]. 全球教育展望，2002（10）

[94] 徐广君. 夯实基础 发展特长 突出特色——关于高中多样化、特色化发展的思考与实践[J]. 江苏教师，2012（07）

[95] 徐士强. 普通高中特色课程建设模式初探[J]. 上海教育科研，2013（05）

[96] 解月光，马云鹏. 普通高中技术课程实施的问题与对策[J]. 教育研究，2008（02）

[97] 于翠翠. 课程整合的现实问题与可能路径[J]. 教育理论与实践，2013（34）

[98] 殷桂金. 普通高中学校特色的定位与类型[J]. 教育科学研究2011（11）

[99] 杨明全. 大学先修课程与我国高中课程改革[J]. 教育学报，2014（04）

[100] 余奇. 特色高中建设——"伪概念"的真趋势[J]. 太原师范学院学报（社会科学版），2012（01）

[101] 杨启亮. 走出课程评价改革的两难困境[J]. 教育研究，2005（09）

[102] 杨启亮. 为教学的评价与为评价的教学[J]. 教育研究，2012（07）

[103] 杨润勇. 高中特色发展需要切实的制度保证[N]. 中国教育报，2012-11-8（012）

[104] 殷晓静. 高中学生对课程现状的满意度调研报告[J]. 上海教育科研，2004（01）

[105] 杨晓江. 普通高中评价标准初探及分等评价设计[J]. 现代教育科学，2002（10）

[106] 杨小微. 课程：学生个体精神生命成长的资源[J]. 华中师范大学学报，2006（03）

[107] 叶延武. 从升学竞争走向课程经营——解读《普通高中课程方案（实验）》[J]. 中国教育学刊，2004（01）

[108] 袁再旺. 浅谈普通高中"特色课程"的开发[J]. 人民教育，2012

(07)

[109] 纂春霞. 英国高中课程设置及其启示——以两所学校为例[J]. 中国教育学刊，2012（05）

[110] 张德强. 韩国大学招生制度的变革与走向[J]. 比较教育研究，2013（08）

[111] 朱广兵，辛治洋. 学校建设的特与色[J]. 教育理论与实践，2010（05）

[112] 张华，李雁冰. 我国普通高中课程改革的目标[J]. 教育发展和研究，2003（10）

[113] 张华. 世界普通高中课程发展报告[J]. 教育发展研究，2003（09）

[114] 张俊列. 普通高中课程结构改革的问题与对策[J]. 课程. 教材. 教法，2013（03）

[115] 仲建维. 我国高中教育改革：国际视野与本土行动[J]. 全球教育展望，2014（03）

[116] 浙江省教育厅赴北欧教育考察团. 走进芬兰高中课程改革[J]. 外国中小学教育，2008（08）

[117] 庄力群. 高中课程整合为何知易行难[N]. 中国教育报，2010-5-7（007）

[118] 张乐天. 基础教育学校变革的政策审思[J]. 复旦教育论坛，2012（06）

[119] 钟启泉，杨明全. 普通高中课程改革的国际趋势[J]. 当代教育科学，2003（22）

[120] 钟启泉. 走向人性化的课程评价[J]. 全球教育展望，2010（01）

[121] 赵青文. 高中新课程实施中的教师适应[J]. 教育理论与实践，2008（07）

[122] 张瑞海. 普通高中特色发展：一种新的发展观视角[J]. 教育科学研究，2011（11）

[123] 张文军. 论普通高中课程的基础性与选择性——浙江大学副校长

罗卫东教授的观点[J]. 全球教育展望, 2013 (07)

[124] 赵峡. 高中生涯规划教育的先锋探索——吉林省长春实验中学职业生涯规划教育纪实[N]. 中国教育报, 2015-3-4 (008)

[125] 赵新亮, 周娟. 校本课程评价的内涵与实施策略[J]. 教学与管理, 2011 (04)

[126] 朱益明. "生涯规划与发展指导"课程实施构想[J]. 教育科学研究, 2010 (08)

[127] 朱忠琴, 袁桂林. 基于学生发展的普通高中课程体系建构——以山东省聊城二中特色发展为例[J]. 当代教育科学, 2013 (24)

(三)学位论文

[1] 段兆兵. 我国基础教育课程多样化问题研究[D]. 西北师范大学博士论文, 2006.

[2] 高水红. 改革经营——基础教育课程改革案例研究[D]. 南京师范大学博士论文, 2006.

[3] 柯森. 基础教育课程标准及其实施研究[D]. 华东师范大学博士论文, 2004.

[4] 李泽宇. 我国基础教育课程改革适切性研究[D]. 东北师范大学博士论文, 2010.

[5] 贾晓琳. 普通高中选修课程实施的个案研究[D]. 东北师范大学博士论文, 2014.

[6] 闻待. 论高中教育的多样化发展[D]. 华东师范大学博士论文, 2010.

[7] 王凯. 发展性校本学生评价研究[D]. 华东师范大学博士论文, 2004.

[8] 张亮. 普通高中学生增值评价研究[D]. 山东师范大学博士论文, 2010.

(四)其他文献

[1] 盘点广州高中那些特色课[DB/OL][2014-5-2]http://szjy.sznews.com/ht

ml/2014-05/02/content_2860970.htm

[2] 济钢高中："特色课程"促进学生全面发展[DB/OL][2014-12-04] http://paper.dzwww.com/dzrb/content/20141204/Articel20006MT.htm

[3] 新西兰高中的特色课程介绍[DB/OL][2014-11-17]http://jingyan.baidu. com/article/fdffd1f8361036f3e98ca112.html

二、外文类

(一)重要著作

[1] 학교교육계획[M]. 대전동신과학고등학교. 2014학년도

[2] 학교교육계획[M]. 과학영재학교. 대전과학고등학교. 2014학년도

(二)期刊论文

1.Emilio ferrer-eaja、Maureen r.weiss.Cross-validation of a model of in-trinsic motivation with studengts entrolled in hight school elective courses[J] The journal of experiment ion 2002.7(1)41-46

2.Hamar cati and Noa saka.Hight school studengt's career—related de-cission—making difficulties[J]iownal of counseling development summer 2001.volume79